청춘의 인생철학

인생에 대해 철학이 답하다

청춘의 인생철학

인생에 대해 철학이 답하다

초판 1쇄 인쇄 | 2014년 4월 20일
초판 1쇄 발행 | 2014년 4월 25일

지은이 | 마르쿠스 아우렐리우스 등
엮은이 | 자작나무
그린이 | 김영민
펴낸이 | 김태화
펴낸곳 | 파라북스
책임편집 | 전지영
마케팅 | 박경만
본문디자인 | 디자인수

등록번호 | 제313-2004-000003호
등록일자 | 2004년 1월 7일

주소 | 서울특별시 마포구 월드컵북로 6길 93, 301호 (연남동 567-39)
전화 | 02) 322-5353
팩스 | 02) 334-0748

ISBN 978-89-93212-56-3 (13160)

＊값은 표지 뒷면에 있습니다.

청춘의 인생 철학

인생에 대해 철학이 답하다

파라북스

철학, 인생에 대해 답하다

세상에는 다양한 분야의 학문이 있지만, 인생을 사는 방법을 가르쳐 주는 학문은 없다. 세상을 살아가는 데 보편적이고 정형화된 방법이 있는 것이 아니기에 배울 수 없다는 사람도 있고, 인생이란 한 사람이 살고 난 후의 발자취이므로 배움의 대상이 아니라고 말하는 사람도 있다.

'아버지 학교'나 '어머니 학교'와 같이 특정한 한 역할을 배우는 것은 가능하지만, 인생 자체를 배우는 것은 차원이 다르다. '나'라는 사람에게 주어진 환경과 품성 등 모든 것이 다르고 살아가는 방법이 제각각 다르기 때문이다.

세상을 살아가는 것에 특별한 방법은 없겠지만, 우리는 타인의 삶과 나의 삶을 비교하며 안타까워하거나 죽기 직전 생사의 갈림길에서 지나온 과거에 대해 후회하지 않을까를 염려한다. 그래서 후회하지 않는 삶을 살기 위해 '인생이란 무엇인가'를 골똘하게 고민하기도 한다. 그러나 현실의 어려움에 대한 불만이나, 먼 미래에 일어날 가능성이 있는 일을 미리 고민하기 때문에 우리 인생이 고단해지는 것일 수도 있다.

　죽을 때 후회할 것을 미리 걱정할 필요는 없다지만, 인생이 무엇인지에 대한 고찰은 반드시 필요하다. 삶에 대해 어떠한 궁금증도 갖지 않고 살아가기란 쉽지 않다. 궁금한 것을 무시한 채 살아가는 것도 답답하기 그지없는 일이다. 또 남들과 비교해서 좀 더 나은 인생을 살고 있다고 믿고 싶은 욕구나, '너는 그렇게밖에 못 살아'라는 근거 없는 남의 참견에 흔들리지 않기 위해서라도 인생에 대해 공부할 필요성을 느낀다. 그러나 무엇보다 인생에 대한 고찰이 필요한 까닭은 살아가면서 스스로 그것을 원하게 된다는 평범하면서도 절박한 이유 때문일 것이다.

　이 책, ≪청춘의 인생철학≫은 인생에 대해 강렬한 호기심을 갖고 진정한 지혜를 얻기 원하는 사람들을 위해 기획되었다. 마르쿠스 아우렐리우스, 미셸 드 몽테뉴, 블레즈 파스칼, 아르투르 쇼펜하우어, 헨리 데이비드 소로는 서양 철학 및 사상사에 큰 흔적을 남겼으며, 오늘날에도 여전히 주목받고 있는 인물들이다. 그리고 그들의 대표적 저작인 ≪명상록≫, ≪수상록≫, ≪팡세≫, ≪인생론≫, ≪월든≫은 서양의 대표적인 인생철학서이기도 하다. 이들 다섯 명은 각자 산 시대와 자라온 환경 등 모든 것이 다르지만, 이 책들을 통해 공통적으로 '자신의 인생'에 대해 말하고 있다. 또 이 책들은 모두 고전의 반열에 올라 있음은 물론이고, 여기에 담긴 사상은 오늘을 사는 우리에게도 많은 영향을 끼치고 있다.

이 책은 이 다섯 권의 고전의 중요한 부분만을 발췌하여 편집한 것이다. 이 최고의 고전들을 원전 그대로 읽는 것은 참으로 의미 있는 일이기는 하나, 언어가 다르고 시대가 다른 까닭에 사실상 불가능에 가까운 일이기도 하다. 특히 몽테뉴의 ≪수상록≫과 파스칼의 ≪팡세≫는 그 두께만으로도 많은 사람들을 포기하게 만든다. 설령 다 읽었다고 할지라도 그 의미를 제대로 음미하기도 쉽지 않다.

한편으로는 독자들의 편의를 위해 이렇게 정리하는 것이 인생철학의 시작을 어그러뜨리는 것이라는 우려를 할 수도 있을 것이다. 그러나 그것을 발견하고 부족함을 채우며, 자기 인생의 좌표를 세우는 것은 독자들의 몫일 터다. 그리고 이 과정이 인생철학의 시작이 될 것이다.

비록 부족한 부분은 있지만, 이 책이 바쁜 현대인들이 교양으로 인생철학을 접근하는 데 하나의 시금석이 되기를 바란다.

2014년 봄에
자작나무

| 차례 |

이 책은 누구에게 보여주기 위해 쓴 것이 아니라 마르쿠스 아우렐리우스가 자기 자신

에게 주는 가르침이다. 이 책에서 '너'는 다름 아닌 마르쿠스 자신으로, 대화하는 듯 서

술했지만 사실 독백의 글인 셈이다. 이 책은 쓰인 당시에는 알려지지 않았다가 4세기

에 비로소 알려지게 되는데, 이때 필사된 책에는 '나 자신에게'라는 제목이 붙어 있다.

마르쿠스 아우렐리우스

Marcus Aurelius, 121~180년

명상록

Tōn eis heauton diblia

아침에 해가 뜨면 자신에게 말하라. 남의 일에 참견하기 좋아하는 자, 은혜를 모르는 자, 교만한 자, 거짓말하는 자, 시기하는 자, 버릇없는 자를 만나게 될 것이라고. 그들이 그런 까닭은 선과 악에 대한 지혜가 없기 때문이다. 그러나 선의 본성은 아름답고 악의 본성은 추하다는 것을 나는 알고 있다. 나에게 해를 끼치는 사람이 나와 동족이거나 동향同鄉은 아니지만, 같은 이성과 신성을 공유하고 있기에 나와 같은 사람임을 알고 있다. 그러기에 나는 그들에게서 해를 입지 않는다. 어느 누구도 나를 나쁜 일에 끌어들일 수 없고, 나는 그들에게 화를 내거나 그들을 미워하지 않는다.

우리 인간들은 두 발이나 두 손, 두 눈이나 윗니와 아랫니처럼 서로 함께 움직이도록 만들어졌다. 따라서 서로 어긋나게 행동하는 것은 자연을 거스르는 것이다. 서로 화를 내고 미워하는 것은 자연과 대립하는 것이다.

－2장. 1

마르쿠스 아우렐리우스 《명상록》

우리는 다른 사람의 마음속에 무슨 일이 일어나는지 모른다고 불행해지지 않는다. 하지만 자기 자신의 마음을 모르는 자는 반드시 불행해진다.

—2장. 8

이 세상 만물은 얼마나 빨리 사라져버리는가! 물질적인 것들에 대한 기억은 흐르는 시간 속에 덧없이 사라진다. 감각적인 것들, 특히 달콤한 쾌락으로 유혹하거나 고통이나 두려움으로 겁을 주는 것들, 잔뜩 부풀린 헛된 명성으로 우리를 꼬드기는 것들은 얼마나 보잘것없고 경멸스럽고 부질없는 것인가. 이것을 깨닫는 것이 우리 이성이 맡은 역할이다.

의견을 밝히거나 말을 통해 명성을 얻는 것은 어떤 것인가, 죽음이란 무엇인가 등을 생각하고 판단하는 것도 이성의 역할이다. 죽음에 관련된 부차적인 것을 모두 분리해내면 죽음은 또 다른 자연의 섭리일 뿐임을 깨닫는 것도 이성이다. 자연의 작용을 두려워하는 것은 어린아이와 같다. 죽음은 자연의 작용일 뿐 아니라 자연을 위해서는 꼭 필요하고 유익한 일이다. 인간이 어떻게 신성에 접근할 수 있는지, 인간의 어떤 부분으로 신과 접촉하고, 그것이 어떠한 상황일 때인지를 관찰하는 것도 이성이다.

— 2장. 12

마르쿠스 아우렐리우스 《명상록》

네가 3,000년 아니 3만 년을 산다 할지라도, 지금의 삶 이외의 다른 삶은 살 수 없다는 것을 기억하라. 가장 길게 사는 삶이나 가장 짧은 삶이나 결국에는 마찬가지다. 현재의 시간은 누구에게나 길이가 같고, 우리가 과거에 잃어버린 시간은 더 이상 우리의 것이 아니기 때문이다.

소멸되는 것은 한순간에 지나지 않는다. 누구라도 과거나 미래를 잃을 수는 없기 때문이다. 인간이 지금 소유하고 있는 것은 현재밖에 없으니, 가지지 않은 것을 어찌 잃을 수 있겠는가? 그러므로 다음 두 가지를 명심해야 한다.

첫째, 만물은 태초부터 동일한 모양으로 되풀이되고 있다. 누가 이 광경을 100년 또는 200년 또는 영원히 지켜본다고 해도 아무런 차이가 없다. 둘째, 가장 오래 산 사람이나 태어나자마자 죽은 사람이나 죽음에는 같다. 인간이 가진 것은 현재뿐이기에 현재만 빼앗기고, 갖고 있지 않은 것은 잃지 않기 때문이다.

— 2장. 14

인생에 있어서 시간은 한순간이며 그 실체는 유동적이다. 감각적 지각은 분명하지 못하고 육체는 모두 썩어 분해되고, 영혼은 소용돌이이고 운명은 예측 불가능하며, 명성은 불확실하다. 다시 말하면, 육체는 흐르는 물과 같고, 영혼은 헛된 꿈이요 연기이며, 인생은 전쟁이자 방랑과 같고, 후세의 명성은 망상일 뿐이다. 그렇다면 우리의 현재 삶을 이끌어주는 것은 무엇인가? 단 한 가지, 철학뿐이다.

철학은 인간 내면의 신성을 모독하거나 훼손하지 않으며 모든 쾌락과 고통을 다스리고, 목적 없이 일을 시작하지 않게 한다. 허위나 위선을 멀리하고, 다른 사람이 어떤 행동을 하든 그에 얽매이지 않으며, 자기 앞에서 일어나거나 주어진 일들을 마치 자신에게서 비롯된 것처럼 기꺼이 받아들이게 한다. 궁극적으로 죽음을 생명체들을 구성하는 원소들의 해체 이상이 아니라고 여기며, 즐거운 마음으로 기다리게 한다.

개별적인 하나의 구성 요소가 다른 요소로 끊임없이 변하는 것은 결코 무서운 일이 아니다. 그런데 어째서 사람들은 육체를 구성하고 있는 요소들의 변화와 해체를 두려워하는가? 죽음은 자연스럽게 일어나는 일이며, 자연에 맞는 일은 악일 수 없다.

－2장. 17

마르쿠스 아우렐리우스 ≪명상록≫

우리는 자연에 따라 일어나는 일 가운데 소소한 부분에서도 아름다움과 매력을 느낀다. 빵을 구울 때 예상치 못한 표면의 균열도 의외로 식욕을 돋운다. 무화과 열매는 가장 잘 익었을 때 벌어지고, 잘 익은 올리브는 썩기 직전에 진정으로 아름답다. 고개 숙인 밀이삭, 사자의 이마에 깊게 팬 주름, 멧돼지의 입가에 흘러내리는 거품 등등 따로 떼어놓고 보면 아름답지 않은 것도 대자연 속에 일어나는 세밀한 모습들로 보면 매력적이다.

우주 안에서 일어나는 모든 사건들은 예민한 감수성과 사려 깊은 통찰력으로 바라보면 아무리 보잘것없는 것이라도 전체와 조화를 이루어 아름답지 않은 것이 없다. 이런 사실을 아는 사람에게는 입을 쩍 벌린 맹수를 보더라도 화가나 조각가가 만든 것처럼 아름다움을 느낀다. 노파와 노인에게서는 원숙한 아름다움을 발견하고, 아이들에게서는 귀여운 매력을 순수한 눈으로 바라본다. 이것들은 모든 사람들에게 적용되지는 않을지라도 자연과 자연의 작용에 관심을 가진 사람에게는 매력적으로 드러난다.

－3장. 2

마르쿠스 아우렐리우스 ≪명상록≫

몇 가지 진리를 남겨두고 다른 것들은 모두 버려라. 우리는 점과 같은 짧은 순간을 살고 있다. 그 밖의 시간은 이미 지나간 과거이거나 불확실한 미래일 뿐이다.

우리가 사는 시간은 극히 짧고, 우리가 살고 있는 곳은 지구의 한구석에 불과한 좁은 곳이다. 사후의 명성도 일시적인 것에 불과하다. 그 명성을 아는 사람도 곧 죽게 될 것이고, 네가 모르는 사람들에 의해 유지될 뿐이다.

－3장. 10

자신이라는 작은 고립된 곳으로 한 발짝 물러 나라. 무엇보다도 괴로워하거나 긴장하지 말고 자유인이 되어, 한 사람으로서, 한 시민으로서, 유한한 생명을 지닌 피조물로서 사물을 바라보라. 늘 가까이 해야 할 원칙은 다음 두 가지다.

첫째, 마음 바깥에 존재하는 사물들은 우리 영혼에 영향을 미치지 못한다. 마음의 불안은 오직 우리 마음속의 의견에서 일어나는 것이다. 둘째, 지금 보고 있는 만물은 순간순간 변화하며 결국에는 존재하지 않게 될 것이다. 그리고 우리는 이미 이러한 변화를 수도 없이 경험했다는 것을 기억하라.

"우주는 변화이고, 인생은 의견이다."

- 4장. 3

마르쿠스 아우렐리우스 《명상록》

죽음은 출생과 같은 것으로 자연의 신비로움이다. 출생이 여러 요소들의 결합이라면 죽음은 이 요소들의 해체이기에 부끄럽거나 화날 일이 아니다. 그것은 이성적 본성과도 어긋나지 않으며 우리가 살아가는 이치와도 완전히 합치한다.

-4장.5

마르쿠스 아우렐리우스 《명상록》

데모크리토스는 "마음의 평정을 가지려면 많은 일을 하지 말고 하는 일을 몇 가지로 줄여라"고 말한다. 그렇지만 반드시 해야 할 일과 사회적 존재로서 이성이 요구하는 일만 하는 것이 더 옳지 않을까? 그렇게 하면 선한 일을 하는 데에서 마음의 평정을 얻을 뿐만 아니라, 일을 많이 하지 않은 데에서도 마음의 평정을 얻을 수 있다.

우리가 말하고 행하는 것 가운데 대부분은 불필요한 것이다. 불필요한 것들을 제거하면 시간의 여유가 생기고 마음의 불안은 줄어든다. 어떤 경우든 "이것은 불필요한 일이 아닌가?"라고 반문해보아야 한다. 생각 역시 마찬가지다. 불필요한 생각도 피해야 한다. 그래야 불필요한 행동을 하지 않고 꼭 필요한 행동만 하게 될 것이다.

—4장. 24

여기저기를 쳐다보며 우왕좌왕하지 마라. 마음을 혼란스럽게 하지 마라. 단순하게 생각하라. 누가 너에게 해를 끼쳤는가? 그는 자기 자신에게 해를 입힌 것이다. 너에게 무슨 일이 일어났는가? 무슨 일이 일어났든 그것은 잘된 것이다. 너에게 일어날 모든 일은 태초부터 우주가 정해놓은 것이다. 한마디로 인생은 짧다. 신중하고 올곧은 행동으로 현재의 이익을 취해야 한다. 맑은 정신을 유지하고 긴장하지 마라.

―4장. 26

마르쿠스 아우렐리우스 ≪명상록≫

바위절벽처럼 살아라. 끊임없이 부딪치는 파도가 잠잠해질 때까지 꿋꿋이 버티는 바위절벽처럼. 불행이라고 생각되는 일을 당하더라도 '이런 일이 일어나다니, 나는 정말 불행해'라고 한탄하는 대신, '이런 어려운 일을 당해도 고통스러워하지 않고 현재의 불운에도 잘 견뎌냈으며, 그 덕에 미래에 닥쳐올 불운에도 두려워하지 않을 것이니 오히려 행운이 아닌가!'라고 생각하라. 그런 일은 누구에게나 닥칠 수 있지만, 그런 일을 당하고도 고통을 겪지 않는 사람은 많지 않다. 왜 후자처럼 행운을 느끼기보다 전자처럼 불운을 먼저 생각하는가?

생각해보라. 인간 본성에 벗어나지 않는 것을 불운이라 하고, 인간 본성의 의지와 어긋나지 않은 것을 어긋난 것으로 여기지 않는가? 인간의 의지란 무엇인가? 우리는 그것을 알고 있다. 우리에게 일어난 일들이 공정하고 관대하고 절제되고 겸손하며 분별있고 진실되고 경건하며 아첨하지 않는 등등의 인간 본성에 따라 판단하지 못하도록 걸림돌이 되었던가? 앞으로 너를 고통에 빠뜨리는 일이 생길 때마다 다음과 같은 원칙을 떠올려라.

"이것은 불운이 아니다. 오히려 이것을 꿋꿋하게 참고 견디는 것이 행운이다."

— 4장. 49

아침에 일어나기 싫을 때에는 너 자신에게 이렇게 말하라. "나는 인간답게 일하기 위해 일어난다." 그것을 위해 내가 세상에 태어난 것이므로, 불평할 이유는 전혀 없다. 네가 이불 속에서 따뜻한 온기를 즐기려고 태어났겠는가.

하지만 그렇게 하면 더 편안하다고 반론하고 싶을 것이다. 그렇다면 너는 활동하고 무엇인가 느끼기 위해서가 아니라 쾌락만을 좇고자 태어났단 말인가? 너는 작은 식물이나 참새, 개미, 거미 그리고 꿀벌들이 역할을 다하며 우주의 질서에 기여하고 있는 것이 보이지 않는가? 그런데 너는 왜 인간으로서 주어진 일들을 행하고 본성에 부합하는 일을 하지 않으려 하는가?

이번에는 휴식이 필요하다고 반론하고 싶은가? 물론 그것은 당연하다. 하지만 자연이 먹고 마시는 데 한계를 정해놓았듯이, 휴식에도 한계가 정해져 있다. 하지만 너는 그 한계를 넘어서는 필요 이상의 휴식을 원하고 있다. 그러면서 주어진 일에서는 최선을 다하지 않는다. 이것은 네가 너 자신을 진실로 사랑하지 않기 때문이다. 너 자신을 사랑한다면 반드시 자신의 본성과 본성의 의지를 사랑해야 하기 때문이다. 자신의 기술을 사랑하는 사람들은 목욕이나 식사도 하지 않고 자신의 일에 전력을 다한다. 하지만 너는 청동상을 생각하는 조각가, 춤사위를 생각하는

마르쿠스 아우렐리우스 《명상록》

무용수, 돈을 생각하는 구두쇠는 둘째 치고, 실없는 명성에만 관심을 가지고 허명만을 좇는 사람보다도 너의 본성을 존중하지 않고 있다. 이런 사람들도 자기 일에 전념할 때에는 자신이 목표하는 일의 성공을 포기하느니 침식寢食을 포기한다. 그런데 너는 너에게 주어진 공동체를 위한 일이 더 보잘것없고 노력할 만한 가치가 없다고 생각하는가?

－5장. 1

나는 원인의 요소(영혼)와 물질의 요소(육체)로 이루어져 있다. 이것들이 무無에서 생겨난 것이 아니듯이 무로 소멸되지는 않을 것이다. 그러므로 나의 모든 부분은 변화를 거쳐 우주의 다른 부분으로 옮겨가고, 그것 또한 우주의 다른 부분으로 변할 것이다. 그리고 이런 과정은 끊임없이 지속될 것이다. 이러한 변화의 과정 속에서 내가 생성되었고 나의 부모들도 마찬가지다. 이런 과정은 무한히 소급하여 거슬러 올라갈 것이다. 비록 우주가 일정한 간격으로 순환된다고 할지라도 이러한 변화 속에서 완전히 소멸되는 것은 없다.

— 5장. 13

우주는 무질서한 원자들의 결합과 분리에 의해 존재하거나, 아니면 신의 섭리에 따라 통일된 천체이다. 만약 전자가 맞는다면, 그런 무질서와 혼란 속에 살아갈 이유가 어디에 있겠는가? 언젠가는 내가 다시 흙이 될 것이라는 것 말고는 무엇에 관심을 둘 수 있으며, 내가 괴로워할 이유가 어디에 있겠는가? 내가 무슨 일을 하든 결국에는 분해될 것인데 말이다. 또 만약 후자가 맞는다면 나는 편안한 마음으로 우주의 섭리를 믿고 따를 것이며, 그 보호 아래 힘들어하지 않고 유쾌하게 살 것이다.

— 6장. 10

잘 차려진 음식을 보면, 물고기의 사체이고 새나 돼지의 사체라고 생각하라. 팔레누스산 포도주는 포도즙에 불과하다고 생각하고, 자줏빛 황제의 옷을 보면 조개의 피로 물들인 양모에 불과하다고 생각하라. 또 남녀의 성관계는 장기의 마찰과 발작적인 경련과 액체의 배출이라고 생각하라.

이런 식의 생각은 사물의 본질에 접근해서 그 사물의 실제를 있는 그대로 보게 한다. 너는 평생 동안 이런 방법으로 사물의 화려한 외관을 벗기고 그것의 무가치함을 깨달아야 한다. 화려하게 드러나는 가식假飾은 무서운 사기꾼이다. "네가 가장 진지하게 상대를 대하고 있다고 확신할 때 가장 속임에 걸려들기 쉽다"는 크세노크라테스의 말을 기억하라.

— 6장. 13

마르쿠스 아우렐리우스 ≪명상록≫

인간의 행동이란 얼마나 이상한가. 인간은 자신과 같은 시대를 살아가는 사람들에게는 칭찬하지 않으면서, 아직 태어나지도 않았고 만난 적도 없고 앞으로도 절대 볼 수 없을 후세 사람들의 칭찬은 귀하게 여긴다. 하지만 그것은 조상들이 너에 대해 칭찬하지 않았다고 불평하는 것과 같다.

― 6장. 18

이제 깨어나 정신을 차려라. 잠에서 깨어나 너를 괴롭힌 것들이 꿈인 것을 알았다면, 이제 눈앞에 펼쳐진 불편한 삶의 현실을 마치 꿈에서 보았던 것처럼 보라.

−6장. 31

너의 힘이 미치지 않는 것들 가운데 어떤 것을 선하거나 악하다고 한다면, 만약 다음에 악한 일이 일어나거나 선한 것이 상처를 입을 때 너는 반드시 신에게 불평할 것이며, 그리고 그에 대한 책임이 있다고 생각되는 사람과 장차 책임을 지게 될 것이라고 의심되는 사람들을 증오하게 될 것이다. 사실 우리는 그런 것들에 가치를 부여하여 많은 잘못을 저지른다. 하지만 우리가 우리의 능력 안에 있는 것만으로 한정하고 선악을 판단한다면, 신에게 불평하거나 인간에게 적대적인 태도를 취할 이유가 없다.

– 6장. 41

다양한 신분과 다양한 직업 그리고 여러 민족의 사람들이 이미 죽었다는 사실을 항상 기억하라. 필리스티온, 포에비우스, 오리가니온을 생각해보라. 또 이들 외의 수많은 다른 사람들을 생각해보라. 대단한 웅변가들, 헤라클레이토스와 피타고라스와 소크라테스와 같은 고귀한 철학자들, 과거의 수많은 영웅들, 그리고 그 후에 나타난 수많은 장군들과 참주들, 그 외에도 에우독소스와 히파르코스와 아르키메데스 같은 명민하고 뛰어난 천재들과, 심지어 인간 삶을 하루살이의 삶에 빗대 덧없음을 말한 메니포스도 살펴보라. 이들 모두가 이미 오래전에 땅속에 묻혔음을 기억하라.

그들을 비롯해 이름조차 알려지지 않은 수많은 사람들이 현세에 추구했던 것은 진정 무엇이었을까? 이 세상에서 진정으로 가치 있는 것은 진리와 정의를 지키며, 심지어 거짓말하는 자들과 불의한 자들에게도 호의로 대하는 것이다.

－6장. 47

마르쿠스 아우렐리우스 ≪명상록≫

먼저 사람들을 설득하여 마음을 움직여라. 하지만 정의와 이성이 명령한다면 사람들이 싫어하더라도 실행에 옮겨라. 또 누가 그 일에 힘으로 대항한다면 그들의 반대를 순순히 받아들이고, 그것 때문에 괴로워하지 말고 오히려 필요한 미덕을 기르는 데 이용하라. 네가 의지를 가지고 불가능한 일을 시작한 것은 상대방이 받아들인다는 조건부가 아니었음을 기억하라. 그렇다면 무엇을 원한 것인가? 다름 아닌 무언가를 추구하려는 의지이다. 그런 의미에서 너는 이미 너의 과업을 완수한 것이다. 또한 시간이 지나면 그 실패한 것도 이루어지기 마련이다.

－6장. 50

변화를 두려워하는가? 하지만 변화가 없다면 도대체 무슨 일이 이루어질 수 있겠는가? 자연에서 변화보다 더 친숙하고 더 적합한 것이 무엇이겠는가? 나무가 변화하지 않는다면 너는 따뜻한 물에 목욕할 수 있겠는가? 음식물이 변화하지 않는다면 어떻게 영양분을 소화시키겠는가? 또 그 밖의 생활에 필요한 것들이 변화 없이 충족되겠는가? 너 자신의 변화, 즉 죽음도 마찬가지다. 우주의 생명에 영양분을 공급하는 것임을 너는 어찌 모르는가?

－7장. 18

마르쿠스 아우렐리우스 《명상록》

네가 가지지 못한 것을 탐내지 마라. 오히려 네가 가진 것을 소중하게 생각하고, 이 소중한 것이 없다면 얼마나 그것을 원했을지를 생각해보라. 하지만 아무리 마음에 드는 것이라도 그것에 너무 큰 애착은 갖지 마라. 그것을 잃었을 때 마음의 평정도 잃을 테니까.

– 7장. 20

고통을 느낄 때면, 고통스러워하는 것은 부끄러워할 일이 아니고, 네 이성의 능력을 떨어뜨리는 것도 아니라는 것을 생각하라. 우리의 이성은 지성적이고, 공동체적으로 사고한 고통에 의해 손상되지는 않는다. 어떤 고통스런 경우에서도 '고통은 한계가 있기에, 잘 살펴본다면 참을 수 없는 것도 영원한 것도 아니다'라고 한 에피쿠로스의 말을 기억하라.

우리는 졸음이나 고열, 식욕부진 등과 같은 소소한 불쾌감이나 고통을 느끼지만, 사실 모르고 지나친다. 그러므로 어떠한 일로 짜증이나 불평이 생기면, 너는 고통에 굴복한 것이다.

— 7장. 64

마르쿠스 아우렐리우스 《명상록》

네가 평생 동안, 아니 성년이 된 이후라도 철학자로서 살아간다는 것은 대단히 어렵다. 이 사실을 아는 것만으로도 헛된 명예욕에서 벗어나고 겸손해진다. 너에게 철학적 소양이 부족하다는 것을 너 스스로가 잘 알고 다른 사람들도 알기 때문이다.

너는 이미 세속적이어서 철학자라는 명성을 얻기가 어려워졌다. 너의 사회적 위치는 너의 사명과도 상반된다. 삶의 본성이 무엇인지 제대로 깨달았다면 다른 사람들이 너를 어떻게 볼 것인가에 관심을 갖지 말고 남은 인생을 자연의 뜻대로 사는 것에 만족하라. 삶의 본성이 무엇을 원하는지를 심사숙고하고 다른 것에 의해 마음을 잃지 않도록 하라.

너는 이미 과거에 많은 시행착오를 겪었다. 어느 장소에서, 논리적인 추론에서, 물질적 부에서, 명성에서, 쾌락 등에서도 참다운 인생을 발견하지 못했다. 그렇다면 참다운 삶은 어디에 있는가? 인간의 본성이 원하는 대로 행하는 것이다. 그렇다면 그것을 어떻게 해야 하는가? 모든 욕망과 행동의 원리를 알아야 한다. 어떤 원리인가? 선악에 관한 원리이다. 그 원리에 따르면, 인간을 정의롭고 자유롭게, 용감하면서도 절제하도록 이끄는 것이 선이며, 이것과 반대되는 것으로 이끌지 않는 것은 그 어떤 것도 악이 아니다.

—8장. 1

후회는 유익한 것을 놓친 것에 대한 자책이다. 그런데 선은 유익한 것이기에 선한 사람은 반드시 이것을 추구해야 한다. 그러나 선한 사람은 쾌락을 놓친 것에 대해 후회하지 않는다. 그러므로 쾌락은 유익하지도 선하지도 않은 것이다.

―8장. 10

너의 인생 전체를 돌이켜 생각하며 비관적이지
않도록 하라. 네가 과거에 겪었던 그리고 미래에 닥칠지 모를 온갖 어려
움을 한꺼번에 염려하지 말고, 그때그때 닥치는 현재의 일에 대해서만
'이 일에서 인내하지 못할 것은 무엇인가'를 자문하라. 그런 것이 있다고
자신에게 말하기는 부끄러울 것이다.

　너를 괴롭히는 것은 과거나 미래의 문제가 아니라 현재의 것이다. 또
그 현재의 문제도 조각조각 떼어내어 생각하면 아주 사소한 것이 된다.
하찮은 문제조차 인내하지 못하는 영혼을 책망하면, 그 문제의 괴로움
이 점점 가벼워질 것이다.

－8장. 36

'오이가 쓰다.' 그렇다면 던져버려라. '길 중간에 가시덤불이 있다.' 그러면 비켜 돌아가라. 그러면 될 것을 '세상에 왜 이런 것들이 생겼을까?' 하고 투덜거리지 마라. 이것은 목수와 구두장이가 일하는 작업장에서 톱밥과 가죽조각이 어지러이 널려 있다고 지적하는 것과 다를 바 없다. 그렇게 하면 자연에 대해 잘 아는 사람의 웃음거리가 될 것이다.

목수나 구두장이에게는 쓰레기를 치울 장소가 있다. 하지만 자연은 자신의 외부에 아무것도 없다. 그러나 자연은 자기의 한정된 공간 내에서 부패하였거나 낡고 쓸모없어진 것들을 변화시켜 새로운 것들을 만드는 놀라운 기술을 가지고 있다. 그러므로 자연은 외부에서 재료를 공급받거나 쓰레기를 쌓아둘 필요가 없다. 자연에게는 그 자신의 공간, 자신의 재료, 자신의 정교한 기술이면 충분하다.

－8장. 50

마르쿠스 아우렐리우스 ≪명상록≫

너를 괴롭히는, 많은 불필요한 문제들을 쉽게 해결할 수 있다. 그것들은 네 마음속에 있기 때문이다. 명상을 통해 전 우주를 안고 영원한 시간 속에서 모든 사물의 빠른 변화를 살펴보라. 태어남과 죽음 사이의 시간이 얼마나 짧은지, 태어나기 전의 시간은 무한하고 죽음 이후의 시간도 끝이 없다는 것을 알게 된다.

－9장. 32

신들에게 절대적 능력이 있거나 없거나 결국에는 마찬가지다. 만약 신들이 무능하다면 너는 무엇 때문에 기도하느냐? 그리고 신들에게 능력이 있다면 무엇을 이기거나 어떤 것을 하게 허락해달라고 기도하는 대신, 그 무엇도 두려워하지 않고 욕망하지 않고 어떠한 것에도 슬퍼하지 않도록 해달라고 기도해야 하지 않은가? 만일 신들이 인간을 돕는다면 그렇게 도울 수 있을 것이다. 그러나 너는 '그런 정도의 일은 나의 능력 안에 있다'고 말할 것이다. 그렇다면 너의 힘이 미치지 않는 것을 하기 위해 노예처럼 비굴하게 도움을 청하기보다는, 네가 가진 능력을 자유롭게 사용하는 것이 더 낫지 않겠는가?

신은 인간의 능력 안에 있는 일은 더 이상 돕지 않는다. 그러니 이제 너의 기도를 시작하라. 그러면 너는 알게 된다. 누군가 '저 여자와 동침하게 해주세요'라고 기도하면, 너는 '내가 저 여자와 동침하기를 원하지 않게 되기를' 기도하라. 다른 이가 '이 상황에서 벗어나고 싶다'고 기도하면, 너는 '이 상황에서 벗어나기를 원치 않게 되기를' 기도하라. 또 다른 이가 '내 아이를 잃지 않게 해주세요'라고 기도하면, 너는 '내 아이를 잃을까 두려워하는 마음이 생기지 않기를' 기도하라. 이런 방법으로 기도를 올리고, 그 결과를 살펴보라.

−9장. 40

마르쿠스 아우렐리우스 《명상록》

누군가의 염치없는 행동에 화가 날 때에는 스스로에게 이렇게 질문하라. '염치를 모르는 사람이 없는 세상이 있을까?' 그것은 불가능한 일이다. 그리고 불가능한 것은 요구해서는 안 된다.

사실 사람도 필연적으로 세상에 존재하는 염치없는 것들 중 하나이다. 악당이나 사기꾼, 나쁜 짓을 하는 사람들에 대해서도 같은 마음을 가져라. 이런 부류의 사람들이 존재할 수밖에 없음을 염두에 둔다면 그들에게 좀 더 관대해질 것이다.

또한 자연이 이런 부당함에 대처하는 어떤 미덕을 주었는지를 생각해보는 것도 좋다. 왜냐하면 자연은 무지한 자에게는 그 미덕으로 온유함을 주었고, 그 밖의 다른 사람들에게도 각각의 다른 능력을 부여해주었다.

－9장. 42

우주가 무질서한 원자의 집합이든 아니면 신의 섭리에 따른 질서 있는 원자들로 구성된 것이든 간에, 다음 두 가지는 확실하다. 첫째는 내가 자연의 통제 아래 있는 우주의 일부라는 것이고, 둘째는 내가 우주 안에서 다른 부분들과 밀접한 관계를 맺고 있다는 것이다. 이 원칙에 따르면, 내가 우주의 일부분인 한 자연이 나에게 부여한 어떠한 임무에도 불만을 품어서는 안 된다. 우주 전체에 이로운 것은 반드시 부분에게도 해를 끼치지 않기 때문이다. 전체는 자기에게 어떤 해로운 것도 내부에 포함하지 않는다. 이것은 우주 전체에 공통적으로 해당한다. 또한 우주의 본성은 그 어떠한 외부 조건에 의해서도 해를 입지 않는다.

　내가 이러한 우주의 일부분임을 생각하면 나에게 일어나는 모든 일을 받아들일 수 있다. 그리고 나는 우주의 다른 부분들과 밀접한 관계로 연결되어 있기에 전체에 해로운 행동을 하지 않고 전체에 유익하도록 나의 이익을 조절할 것이다. 이러한 원칙하에 다른 사람들을 배려하고 사회가 요구하는 의무를 성실히 수행하는 삶은 행복하지 않을 수 없다.

— 10장. 6

마르쿠스 아우렐리우스 《명상록》

누군가 너를 경멸한다면? 그것은 그의 문제다. 경멸을 당할 행동이나 말을 하지 않았으면 그만이다. 또 누가 너를 미워한다면? 이것 역시 그의 문제일 뿐이다. 네가 할 일은 모든 사람에게 친절하고 온화하게 대하고, 너를 미워하는 사람에게는 잘못된 생각을 일깨워주되 꾸짖거나 아량을 베푸듯 말하지 말고, 포키온^{아테네의 정치가,} 사형당할 때 "나를 죽였다고 아테네인들에게 원한을 품지 말라고 아들에게 전해주시오"라는 말을 남겼다.처럼 솔직하고 진실하게 잘못을 지적해주면 된다.

인간 내면의 부족한 부분은 이와 같이 풀어가고, 어떤 일에도 신에게 불평하거나 불만을 가져서는 안 된다. 네가 너의 본성에 알맞게 행동하고, 공동의 이익을 위해 부여받은 사명을 받아들인다면, 너에게 무슨 나쁜 일이 생기겠는가?

— 11장. 13

'너에게 솔직해지기로 결심했어'라고 말하는
자는 얼마나 거짓되고 역겨운가. 굳이 할 필요가 없는 말을 왜 하는가?
그런 말은 하지 않아도 얼굴에 저절로 드러난다. 마치 연인 사이는 눈만
봐도 알아채듯, 목소리의 울림에서나 눈빛에서도 알 수 있다. 악한 마음
을 가진 사람에게서 악취가 풍기는 것처럼, 진실하고 선한 사람에게는
좋은 향기가 발산되기에 다가가는 사람이 원하든 원하지 않든 알아차
리게 된다. 그러나 거짓으로 위장한 진실은 칼과 같다. 늑대가 친절하게
보이려고 양들에게 보내는 우정보다 더 비열한 것은 없다. 그런 우정은
무조건 피하라. 선하고 성실하고 친절한 사람은 그 모든 성질들이 눈에
드러나고 속이거나 위장할 수 없다.

－11장. 15

마르쿠스 아우렐리우스 《명상록》

다음 세 가지의 원칙을 항상 명심하라. 첫째, 어떤 행동을 하든 목적 없이 행하지 말고, 정의에 어긋나게 행하지 마라. 외부에서 발생하는 모든 일은 우연히 일어나거나 신의 섭리에 의거하기에, 우연을 원망하거나 신의 섭리를 불합리하다고 비난할 수는 없음을 기억하라.

둘째, 각각의 존재가 정자 상태에서 시작하여 영혼을 받아들이는 과정을, 최초의 호흡을 시작하여 마지막의 호흡을 할 때까지의 과정을 생각해보라. 그리고 이 존재가 어떤 성분으로 구성되고, 어떤 성분들로 해체되는지 생각하라.

셋째, 만약 네가 하늘 위로 올라가 변화 많은 세상사를 내려다보고 하늘에 사는 무리들을 보게 된다면 땅위에 사는 인간이 하찮아 보일 것임을 기억하라. 네가 자주 하늘에 올라갈수록 인간사는 단조롭고 덧없음을 발견하게 된다. 그런데 너는 이처럼 보잘것없는 세상사를 자랑거리로 여겼다는 것을 생각하라.

－12장. 24

너는 거대한 세계라는 도시의 한 시민으로 살아왔다. 그런데 5년을 살았든 100년을 살았든 무슨 차이가 있겠는가? 이 세계의 법칙은 모두에게 평등하다. 너는 무슨 이유로 불평을 하는가? 폭군이나 부당한 재판관이 너를 이 세상에서 내보내는 것이 아니라, 애초에 너를 이 세계에 살게 한 자연이 너를 데려가는 것이니 무엇이 가혹한가? 그것은 그 배우를 고용했던 연출자가 배우를 연극에서 끌어내리는 것과 같다.

'하지만 나는 5막이 아니라 단 3막만을 출연했을 뿐이오.' 이렇게 말하고 싶은가? 일리가 있는 말이지만, 너의 인생은 3막까지가 전체인 연극이었다. 연극이 언제 끝날지를 결정하는 것은 네가 아니라, 이 연극을 구성했고 이제 연극을 중단시키려고 하는 자의 몫이다. 네가 관여할 수 있는 것은 없다. 그러니 만족한 마음으로 떠나라. 그러면 너를 연극에서 떠나게 한 자도 만족할 것이다.

— 12장. 36

마르쿠스 아우렐리우스 ≪명상록≫

마르쿠스 아우렐리우스와 ≪명상록≫

🎵 생애

마르쿠스 아우렐리우스^{Marcus Aurelius, 121~180년}는 121년 로마제국 수도인 로마에서, 할아버지가 집정관을 세 차례나 지내고 아버지는 요절했지만 집정관 아래 직위인 법무관을 지낸 명문가에서 태어났다. 아버지 아니우스 베루스는 마르쿠스가 3살 때 사망했으며, 어머니 도미티아 루킬라는 대부호의 딸이었다. 외할아버지의 관심으로 마루쿠스 아우렐리우스는 뛰어난 가정교사들의 지도를 받아 다양한 학문을 익히고 레슬링, 승마, 달리기 등 육체를 단련하는 훈련을 받았다.

어린 시절부터 스토아 철학의 가르침에 따라 엄격하고 절제된 생활을 하여 따뜻한 침대를 버리고 차가운 바닥에서 잠을 잤다고 한다. 그런 까닭에 어린 나이임에도 불구하고 당시 황제였던 하드리아누스의 총애를 받아 6세 때에 기사 계급에 오르고, 성인식을 치른 후에는 황제의 명령으로 당시 명문가의 딸과 약혼했다.

138년에 하드리아누스 황제는 후계자인 아일리우스 카이사르가 사망하자, 마르쿠스의 고모부인 아우렐리우스 안토니우스를 후계자로 지명했다. 그리고 황제는 안토니우스에게 후계자가 되는 조건으로 마르쿠스와 아일리우스 카이사르의 아들 루키우

스 베루스를 양자로 삼을 것을 명하였다. 이때 마르쿠스는 17세였다. 몇 달 후 황제가

죽자 안토니우스는 안토니우스 피우스라는 이름으로 황제에 즉위하고, 두 양자에게

각별한 관심을 갖고 교육을 시켰다.

마르쿠스는 24세에 황제의 딸이자 사촌누이인 14세의 안니아 갈레리아 파우스티

나와 결혼했고, 두 사람 사이에 13명의 자녀가 있었으나 대부분 어린 나이에 사망했

다. 160년에 황제가 죽기 전 마르쿠스와 루키우스 베루스를 공동 집정관으로 임명했

다. 161년 안토니우스 피우스 황제가 사망한 후 마르쿠스는 40세의 나이로 16대 로마

황제로 즉위한다.

황제가 된 마르쿠스 아우렐리우스는 162년부터

166년까지 시리아 지역을 침공하여 승리로

이끌었고, 167년 게르만 부족의 침략을 맞

아 도나우 강까지 정벌했다. 이때부터 ≪명상

록≫을 집필하기 시작한다. 169년 공동 황제였던

루키우스 베루스가 사망하고, 175년 마르

쿠스가 북쪽 국경지역을 평정하고 있을

때 베루스 아래에서 이집트와 동방지역

을 관할하던 가이우스 아비디우스 카이

우스 장군이 반란을 일으켰다. 그러나

내부의 동요로 부하에게 암살당함으로

써 반란은 진압되었다.

177년에 15세의 아들 코모두스를 집정관으로 임명했다. 180년 전염병에 걸려 죽음이 임박했음을 느낀 마르쿠스는 전쟁터의 막사에서 아들에게 게르만 원정을 성공적으로 마무리하라는 유언을 남기고 죽음의 고통을 줄이기 위해 7일간 식음을 전폐하다가 죽었다. 마르쿠스 아우렐리우스의 죽음으로 로마는 오현제 시대의 막을 내리고 쇠락의 길로 접어들게 된다.

≪명상록≫과 스토아 철학

≪명상록Tōn eis heauton diblia≫은 마르쿠스 아우렐리우스가 생애의 마지막 10여 년간 쓴 책이다. 이 책을 쓴 시기에 마르쿠스는 가장 치열하게 전쟁터를 누볐지만, 전쟁에 관해서는 전혀 언급하지 않고 철저하게 자신의 삶에 대한 성찰만을 담고 있다. 마르쿠스는 치열한 전투 상황에서는 용맹스런 황제이면서도, 전투 이외의 시간에는 자신만의 사색을 하며 인생에 대한 근본적인 물음에 답을 구하는 사상가였다.

마르쿠스는 글쓰기를 단순히 일기나 신변잡기를 쓰기 위한 것이 아니라 자신의 내면을 성찰하기 위한 사색이나 명상의 수단으로 삼은 듯하다. 당시 일상적으로 사용하던 라틴어가 아니라 학문적으로 쓰던 그리스어로 글을 썼다는 것이 이를 뒷받침한다. 따라서 이 책은 누구에게 보여주기 위해 쓴 것이 아니라 자기 자신에게 주는 가르침이다. 이 책에서 '너'는 다름 아닌 마르쿠스 자신으로, 대화하는 듯 서술했지만 사실 독백의 글인 셈이다. 이 책은 쓰인 당시에는 알려지지 않다가 4세기에 비로소 알려지게 되었는데, 이때 필사된 책에는 '나 자신에게^{ta eis beauton}'라는 제목이 붙어 있다.

마르쿠스 아우렐리우스는 스토아 철학자인 세네카와 에픽테토스에게 많은 영향을 받았다. 특히 노예 출신의 철학자인 에픽테토스의 글을 탐독했는데, ≪명상록≫에는 그의 철학적 용어나 사상이 그대로 녹아 있다.

스토아 철학은 기원전 4세기말 그리스 철학자 제논에 의해 시작되었다. 스토아 철학자들은 세계는 법칙에 의거해 생성에서 소멸로 순환하고, 이 모든 것이 자연의 이치이자 신의 섭리라고 생각했다. 그리고 인간의 삶은 자연의 이치에 거스르지 않고 감정과 충동에 흔들리지 않아야 한다고 생각해, 아파테이아를 중요하게 여겼다. 아파테이아^{apatheia}는 부동심^{不動心}으로 외부 사물에 흔들리지 않는 마음이다. 그래서 인간의 진정한 행복은 부동심에 있다고 본 것이다.

스토아 철학에서는 죽음을 육체와 영혼이 분리되는 것이라고 생각했다. 인간은 원래 육체와 영혼으로 나뉘어 있는데, 합쳐져 생명을 얻고 탄생한다. 그리고 죽음은 원래의 상태로 되돌아가는 것이다. 그러므로 죽음은 매우 자연스러운 일이며, 죽음에 대한 두려움은 아무런 근거 없이 인간의 마음속에 일어나는 것일 뿐이라고 보았다.

스토아 철학은 로마 시민에게 유행했을 뿐만 아니라 지도층에도 널리 퍼져, 로마제국의 철학 이념이자 로마의 세계 시민주의의 기반이 되었다. 마르쿠스 아우렐리우스는 자신의 철학사상을 현실 정치에 적용하려 노력하였기에 황제 철학자로 오늘날까지 칭송받고 있다.

《수상록》의 원제인 '에세'는 몽테뉴가 처음 사용한 말로, 시도, 시험, 실험 등의 뜻을

가진 프랑스어. 이것이 뜻하는 것은 자기 자신에 대한 새로운 시도, 자신이 타고난

능력에 대한 시험이기도 하며, 자기가 알고 있는 모든 것을 회의하는 실험이기도 했

다. 이것은 영어로는 에세이, 한국어로는 수필이나 수상으로 번역되는데, 자신의 경험

이나 느낌 등을 형식에 구애받지 않고 자유롭게 쓴 글을 의미하는 문학의 한 장르가

되었다.

미셸 드 몽테뉴

Michel de Montaigne, 1533~1592년

수상록

Essais

독자 여러분, 이 책은 진실한 마음으로 쓴 것이다. 이 책은 나의 집안일이나 사사로운 일들을 기록하기 위해 쓴 것일 뿐, 독자를 의식하거나 나의 명예를 위해 쓴 것은 아님을 밝힌다. 그것은 내 능력으로는 벅찬 일이다. 나의 가족과 친구들이 나를 잃었을 때(머지않아 그렇게 되겠지만), 그들이 내가 어떤 사람이었고 어떤 성격을 가졌는지 등, 나에 대해 보다 온전하고 생생하게 기억하도록 이 책을 썼다.

　만일 세상 사람들에게 인기를 얻으려고 책을 썼다면, 나는 나의 품성을 화려하게 꾸미고 가식적으로 훌륭하게 만들려고 노력했을 것이다. 그러나 나는 이 책에서 내가 자연스럽고 평범하고 꾸밈없는, 있는 그대로의 모습으로 보였으면 좋겠다. 이 책에서 내가 묘사하는 것은 바로 나 자신이기 때문이다. 나는 세상에서 허용하는 범위 내에서, 나의 결점과 타고난 모습을 드러내고 싶다. 만일 내가 태초의 자연법칙에 따라 자유를 누리며 유쾌하게 사는 민족들 사이에 살았다면, 나는 완전히 벌거벗은 적나라한 내 모습을 묘사했을 것이다.

　그러므로 독자 여러분, 이 책의 소재는 나 자신이다. 소재가 이렇듯 보잘 것없고 헛된 것이니, 그대는 이 책에 시간을 허비할 이유가 없는 것이다.

　그럼 안녕히. 1580년 3월 1일 몽테뉴.

― 독자에게

미셸 드 몽테뉴 ≪수상록≫

진실로 인간은 공허하고 제각각이며 변하기 쉬운 존재이다. 그러므로 인간에 대해 변하지 않는 하나의 판단을 내리는 것은 쉬운 일이 아니다.

— 제1권, 1장. 여러 방법으로 같은 결과에 이른다

나는 슬픔을 별로 느끼지 않는 사람에 속한다. 세상 사람들은 슬픔에 특별한 호의를 갖고 의미를 부여하지만, 나는 이 감정을 좋아하지도 이것에 의미를 두지도 않는다. 사람들은 슬픔을 이용해서 지혜와 도덕과 양심을 꾸민다. 이 얼마나 어처구니없고 괴상망측한 장식인가! 이탈리아 사람들은 슬픔에 사념邪念이라는 의미를 부여하는데, 매우 적절한 지적이다. 이 감정은 언제나 해롭고 통제가 안 되기 때문이다. 스토아학파에서는 이것을 비겁하고 비굴한 것으로 보아 금하고 있다.

이런 이야기가 있다. 이집트의 프삼메니토스 왕이 페르시아의 캄비세스 왕에게 패하여 포로가 되었을 때의 일이다. 노예가 된 딸이 물을 길러 지나가는 것을 보고, 주위에 있던 그의 친구들은 울면서 슬퍼했지만 그는 아무 말 없이 그저 땅만 바라보았다. 그리고 얼마 후 아들이 사형장으로 끌려가는 것을 보고도 마찬가지였다. 그런데 포로들 속에 친한 친구가 끌려가는 것을 보고는 자신의 머리를 치면서 매우 슬퍼했다는 것이다.

이와 비슷한 일이 얼마 전 프랑스 공작에게도 일어났다. 어느 날 트렌토에서 부고가 전해졌다. 집안의 기둥이며 명예였던 맏형이 죽었다는 소식이었다. 그리고 얼마 후에는 그의 희망이던 동생의 부고를 들었

미셸 드 몽테뉴 《수상록》

는데, 연이은 슬픈 소식을 그는 강건한 인내로 이겨냈다. 하지만 며칠 후 하인 하나가 죽자 마음을 억제하지 못하고 마침내 슬픔에 굴복하고 말았다. 그러자 어떤 사람들은 그가 마지막 사건에 가장 큰 충격을 받았다고 말했다. 허나 사실 그는 이미 슬픔으로 가득 차 있었던 것이다. 거기에 약간의 슬픔이 더해지자 인내의 한계가 무너진 것이다.

앞의 이야기에서도 같은 판단을 할 수 있는데, 다음의 말이 첨가되어 있다. 캄비세스가 프삼메니토스에게 이렇게 말한다.

"딸과 아들의 불행에는 슬픈 마음을 잘 다스리다가 어찌하여 친구의 불행에는 참아내지 못했소?"

그러자 그는 이렇게 대답했다.

"마지막 경우에는 눈물로 슬픈 마음을 표현할 수 있지만, 앞의 두 경우에는 어떤 방법으로도 마음속의 슬픔을 표현할 방법이 없기 때문이오."

— 제1권, 2장. 슬픔에 대하여

'네가 해야' 할 일을 하고, 너 자신을 알라'라는 위대한 교훈은 플라톤에 의해 자주 언급된다. 이 두 가지 교훈은 우리의 모든 의무를 광범위하게 포함하고 있다. 다른 측면도 마찬가지다. 자신이 해야 할 일을 하는 사람은 먼저 자신이 누구인지, 그리고 자신에게 부여된 고유한 임무가 무엇인지 아는 것이 첫째 교훈임을 깨닫는다. 그리고 자기 자신을 아는 사람은 다른 사람의 일을 자기 일로 혼동하지 않는다. 그는 가장 먼저 자기 자신을 사랑하고, 자신을 스스로 돌보고, 쓸데없는 일과 무의미한 생각이나 제안에 따르지 않는다.

— 제1권, 3장. 우리의 감정은 자신의 한계를 넘어선다

미셸 드 몽테뉴 ≪수상록≫

고대 그리스의 격언에도 있듯이, 인간이 괴로워하는 것은 사물 자체 때문이 아니라 사물에 대한 자신의 생각 때문이다. 이것이 모든 점에서 진실한 것으로 증명된다면, 인간이 처한 비참한 상황을 개선하는 데 큰 기여를 할 것이다. 왜냐하면 불행이라는 것이 우리의 판단에 의해 만들어지는 것이라면, 우리의 의지로 무시하거나 또는 유익한 것으로 바꿀 수 있기 때문이다.

이처럼 인간은 사물을 마음대로 판단할 수 있는데, 왜 우리에게 유익하게 하거나 관리하지는 못하는가? 우리가 불행이나 고통이라고 여기는 것도 그 자체로는 불행이나 고통이 아니다. 단지 우리 생각에서 그것들에 성격을 부여한 것일 뿐이다. 따라서 우리에 의해 그 성격이 바뀔 수 있다. 인간에게 무엇에도 강요당하지 않는 선택권이 있다면, 질병이나 빈곤, 경멸 등에 불쾌한 성격을 부여해 스스로 불행해지지 않고, 오히려 유익한 성격을 부여할 수도 있다. 그리고 운명이 우리에게 부여한 제재에 의미를 부여하는 것 역시 우리 자신이다.

– 제1권. 14장. 행과 불행은 우리 생각에 달려 있다

운명은 우리를 행복하게도 불행하게도 하지 못한다. 운명은 단지 행운과 불행의 재료와 핑계를 제공할 뿐이다. 운명보다 강한 우리의 영혼은 그것들을 마음대로 운영하기에, 행복과 불행의 유일한 원인이며 지배자이다.

외부 조건들은 우리 내부의 구조로부터 그 맛과 색을 구한다. 그것은 입고 있는 옷에 열기가 있는 것이 아니라 자신의 열로 몸을 따뜻하게 하는 것과 같다. 옷은 열기를 보존할 뿐이다. 그러므로 차가운 몸을 감싸는 옷은 그 냉기를 보존하는 역할을 한다. 눈과 얼음이 이렇게 보존된다.

나태한 자에게는 공부하는 것이 고통이고 술꾼에게는 금주가 고통인 것처럼, 사치스러운 사람들에게 수수한 생활이 고통이고 허약하고 나태한 자에게는 노동이 고통이 아닐 수 없다. 그밖에 모든 경우에 있어서도 마찬가지다. 사물 그 자체는 해로운 것도 어려운 것도 아니다. 사물이 고통스럽고 괴로운 까닭은 우리의 유약하고 비굴한 마음에 있다.

– 제1권, 14장. 행과 불행은 우리 생각에 달려 있다

미셸 드 몽테뉴 ≪수상록≫

키케로는 "철학이란 죽음을 준비하는 것에 불과하다"라고 말했다. 철학적 탐구와 사색은 우리의 영혼을 외적으로 드러내어 신체 이외의 일을 바쁘게 하는 것인데, 이것이 곧 죽음을 연구하고 죽음을 모방하는 것이다. 세상의 모든 지혜와 지성은 결국에는 죽음을 두려워하지 말라는 가르침으로 귀결된다.

— 제1권, 20장. 철학은 죽음에 대해 배우는 것이다

어디에서 죽음이 우리를 기다리는지는 확실하지 않다. 어디에서든 그것을 기다리자. 죽음을 생각하는 것은 자유에 다가가는 것이다. 죽음에 대한 배움이 있는 사람은 노예 상태에서 벗어난 사람이다. 죽음을 알게 되면 우리는 모든 예속과 굴레에서 벗어난다.

— 제1권, 20장. 철학은 죽음에 대해 배우는 것이다

미셸 드 몽테뉴 《수상록》

자연은 우리에게 강제한다. 이 세상에 들어온 것처럼 여기에서 나가라고. 죽음에서 생명을 가질 때 고통과 두려움 없이 거쳐 왔던 길을, 삶에서 죽음으로 갈 때 다시 가라고 한다. 그대의 죽음은 우주 질서의 한 부분이며 세계 생명의 한 부분이다.

－ 제1권, 20장. 철학은 죽음에 대해 배우는 것이다

인간들을 위해 이렇게 아름다운 사물들의 질서를 바꾸어야 하겠는가? 죽음은 인간 창조의 조건이며, 또한 인간 삶의 일부분이다. 인간들은 자기 자신에게서 도피하고자 한다. 현재의 삶을 누리고 있는 인간 존재는 정확하게 삶과 죽음으로 갈려 있다. 우리가 태어난 첫날은, 우리를 삶으로 이끎과 동시에 죽음으로 이끌어간다.

"우리에게 생명을 주는 최초의 시간은
곧 우리로부터 생명을 빼앗기 시작한다." (세네카)

"우리는 태어나자마자 죽기 시작하고,
그 끝은 시작과 연결되어 있다." (마닐리우스)

– 제1권. 20장. 철학은 죽음에 대해 배우는 것이다

미셸 드 몽테뉴 ≪수상록≫

어느 시골 여인이 송아지 한 마리가 태어나자마자 두 팔로 품에 안고 쓰다듬으며 다녔는데, 그것이 습관이 되어 황소가 된 이후에도 안고 다닐 수 있었다고 한다. 이 이야기를 처음 지어낸 사람은 습관이 가진 힘을 잘 이해하고 있었던 듯하다.

습관이란 참으로 난폭하고 믿을 수 없는 것이다. 우리의 내면에 은밀하게 자리를 잡고 자신의 위치를 구축해간다. 처음에는 온순하고 얌전하지만 시간의 도움을 받아 권위를 세운 뒤에는 난폭한 폭군의 얼굴로 돌변한다. 그때가 되면 우리는 난폭한 습관에 대항하려고 눈을 쳐들 힘도 없어진다. 다양한 방면에서 우리는 습관이 자연의 법칙을 거스르는 것을 본다.

"습관은 모든 사물들 중에 최고의 지배자이다." (플리니우스)

— 제1권, 23장. 습관 그리고 쉽게 바뀌지 않는 법률에 대하여

플루타르코스는 자신이 가진 지식에 대해 칭찬받기보다 자신의 판단 능력에 대해 칭찬받기를 좋아했다. 그는 우리에게 앎에 대한 만족을 주기보다 그의 글을 읽고 싶은 욕구를 가지게 만들기를 원했다. 그리고 바람직한 일에 관해 말할 때 지나치게 말이 많은 것은 좋지 않다는 것을 알고 있었다. 그래서 스파르타의 왕 아낙산드리다스가 에포_{스파르타의 중대한 일을 협의하는 5인의 민선 재판관}들 앞에서 지나치게 길게 말한 사람을 책망하며 "오, 외부인이여! 그대의 말은 분명히 옳지만, 그대가 말하는 방법은 지극히 옳지 않다"고 말한 것은 현명한 일이었다. 야윈 사람들이 두터운 옷감으로 건강하게 보이려 하듯, 정신적으로 빈약한 사람들은 말로 부족함을 채우려 한다.

세상 많은 사람들과 교제하면 판단력이 놀랄 만큼 향상된다. 우리는 대개 자신의 틀에 갇혀 한치 앞도 보지 못한다. 누군가 소크라테스에게 어느 나라 사람인지 물었을 때, 그는 아테네라고 대답하지 않고 '세계 사람'이라고 대답했다. 소크라테스는 매우 깊고 폭넓은 사상을 가졌기에 발아래밖에 보지 못하는 우리와는 달리 세계를 자신의 도시로 생각하고, 자신이 가진 지식의 교류와 애정을 인류 전체에 베풀었다.

— 제1권, 26장. 아이들의 교육에 대하여

미셸 드 몽테뉴 《수상록》

어떤 사람이 소크라테스에게 "누가 여행을 다녀왔는데 조금도 나아지지 않았습니다"라고 하자, 소크라테스는 "당연하지. 그는 여행하는 동안 자신을 짊어지고 다녔으니까"라고 대답했다.

"다른 나라를 찾아간들 무엇하랴? 조국은 떠나지만 자신을 떨쳐버릴 수 없는 것을." (호라티우스)

먼저 자신 영혼을 짓누르는 무거운 짐을 내려놓지 않는 한, 몸을 움직이면 움직일수록 더욱 영혼을 짓누르게 된다. 그것은 배 안에 실려 있는 짐들이 고정되어 있으면 방해가 되지 않으며, 환자를 다른 곳으로 옮기면 환자에게 유익하기보다는 해로운 것과 마찬가지다. 말뚝을 흔들면 점점 깊고 단단하게 박히듯 질병도 흔들리면 더욱 깊어진다.

그러므로 사람들로부터 멀리 떨어져 나오거나 다른 곳으로 자리를 옮기는 것으로 충분하지 않다. 자기 내부에 있는 인간의 조건을 떨쳐내야 하며, 자신을 완전히 격리시켜 자신을 되찾아야 한다.

– 제1권, 39장. 고독에 대하여

에피쿠로스는 친구 이도메네우스에게, 세네카는 친구 루킬리우스에게 편지를 보내, 높은 지위를 버리고 번거로운 직무에서 벗어날 것을 권했다.

……세상 사람들이 그대에게 칭송하는 말을 해주기를 찾는 것은 그대에게 아무런 의의가 없고, 그대가 자기 자신에게 어떻게 말할 것인가를 찾아야 한다오. 자기 자신 속으로 들어가, 먼저 자신을 맞이할 준비를 해야 하오. 자신을 다스리지 못하면서 자신을 믿는다는 것은 미친 짓이오. 홀로 하는 자신만의 생각에서도 사람들 속에 있을 때와 마찬가지로 실패할 수 있다오. 그대가 자신에게 과오를 범하지 않을 때까지, 자신에게 수치와 존경을 느낄 때까지 "그대 마음속에 참으로 선한 이상을 간직하시오." (키케로)

마음에 항상 카토, 포키온, 아리스티데스 등을 기억하시오. 그들 앞에서는 바보들조차도 잘못을 감추려 했다오. 그들을 그대의 모든 욕망을 절제하는 데 척도로 삼으시오. 만약 욕망이 올바른 길에서 벗어나게 할지라도 그들에 대한 존경심이 바른 길로 인도할 것이오.

미셸 드 몽테뉴 《수상록》

그들은 그대가 스스로 만족하는 길을 가고, 자기 자신 이외의 다른 사람에게는 그 무엇도 빌리지 않고, 그대 마음에 즐거움을 가져다주는 명확하고 한정된 사색에 있도록 도와줄 것이오. 그리고 사람들을 이해하면 할수록 더 많은 즐거움을 주는 진정한 행복을 알고 난 후에도, 그것에 만족하고 생명이나 명성을 연장시키고자 하는 욕망 없이 올바른 길을 가도록 그대를 지켜줄 것이오.

– 제1권, 39장. 고독에 대하여

우리가 말을 칭찬하는 것은 힘차고 잘 달리기 때문이지 멋있는 안장 때문이 아니다. 또 사냥개를 칭찬하는 것은 빨리 달리기 때문이지 목걸이 때문이 아니며, 매를 칭찬하는 것은 강인한 날개 때문이지 발목의 끈이나 목에 걸린 방울 때문이 아니다. 그런데 어찌하여 사람을 평가할 때에는 그 사람만으로 평가하지 않는가? 그에게 많은 하인과 대저택과 큰 권력과 엄청난 수입이 있다고 해도, 이것들은 모두 그 주변에 있는 것이지 그 자신의 것은 아니다.

우리는 자루 속에 든 고양이를 자루만 보고 사지는 않는다. 말을 흥정할 때에도 말의 장비를 벗기고 벌거벗은 말의 상태를 살펴본다. 옛날에 군주들에게 팔려고 말을 보일 때에는 말에게 중요하지 않은 부분을 덮어씌우기도 했는데, 이는 털 상태나 궁둥이의 크기에 현혹되지 않고 가장 중요한 부위인 다리와 눈과 발을 잘 살펴보게 하려는 것이었다.

그런데 어찌하여 사람은 포장한 상태에서 평가하는가? 그는 자신의 것이 아닌 것들만 보여주고 그 자신을 진실로 평가할 만한 것들은 보여주지 않는다. 우리는 칼집으로 칼의 가치를 보는 것이다. 그러나 우리는 칼집 없이는 한 푼도 주지 않으려 할 것이다. 사람을 평가할 때에는 그 사람의 외적인 허울이 아니라 그 사람 자체로 평가해야 한다.

– 제1권, 42장. 불평등에 대하여

미셸 드 몽테뉴 《수상록》

글을 쓰는 것은 행위가 아니다. 그것은 바로 나 자신이며, 나의 본질이다. 나 자신을 평가하는 것은 신중히 하고, 자신이 비천하거나 고상하게 보이는 것에 상관하지 않고 양심적으로 표현해야 한다.

　　만일 내가 남들보다 뛰어나거나 현명하다면, 큰 목소리로 나 자신에 대해 말할 것이다. 실제보다 자신을 낮추어 말하는 것은 어리석은 것이지 겸손이 아니다. 아리스토텔레스에 따르면, 자신이 가진 가치보다 스스로를 낮추는 것은 비겁한 짓으로 겁쟁이의 행동이다. 이것에는 어떤 도덕도 도움이 되지 않는다. 진리는 오류의 재료가 될 수 없다. 자신의 실제보다 더 과장해서 표현한다고 해서 교만한 것은 아니다. 그것 또한 어리석음에서 나온 것이다.

　　실제보다 지나치게 과장해서 자신을 뽐내고 분별없이 자랑하는 것은 악덕의 요체다. 이것을 고치는 최고의 방법은, 자신의 잘못된 말버릇을 버리고, 생각없이 행동하는 자들이 행하는 것과 반대의 행동을 하는 것이다. 자존심은 사상 속에 있다.

－ 제2권, 6장. 실천에 대하여

자만심은 인간이 타고난 근원적인 병이다. 인간은 모든 생령生靈들 가운데 재난에 가장 허약한 동시에 가장 오만한 존재이다. 인간은 우주의 중심에서 가장 멀리 떨어진 곳에 위치하고, 또 가장 저열하고 일시적으로 존재하다 사라지는 비천한 곳에 고정되어, 세상의 진흙 구덩이와 똥통 속에서 이곳의 세 가지 동물들(조류, 포유류, 어류) 중에 가장 열악한 조건에 있는 동물들과 함께 살고 있음을 보고 느낀다. 그럼에도 인간은 상상력을 발휘하여 달의 궤도 위로 올라가고 하늘을 자기 발밑까지 끌어내린다. 그리고 이런 허황된 상상력으로 자신을 하나님과 비슷한 위치로 격상시키고, 하늘의 거룩한 조건을 자기 자신에게도 부여한다. 또한 인간은 자기 자신을 다른 생령들과는 완전히 분리하며, 자신의 동반자이거나 친한 동물들에게는 자기 멋대로 정한 소질과 힘을 부여한다.

그런데 인간은 어떻게 자신이 가진 지성의 힘으로 동물들의 생각과 그 비밀을 알고 있다고 생각하는 것일까? 또 동물들을 자신과 비교하여 열등하다고 생각하는 걸까? 내가 고양이를 데리고 노는 것인지 고양이가 나를 데리고 노는 것인지 누가 알겠는가.

– 제2권, 12장. 레이몽 스봉의 변론

미셸 드 몽테뉴 《수상록》

인간의 행복이란 불행이 없다는 것이나 다름없
다. 그런 이유로 쾌락을 가장 높은 위치에 두는 어느 학파의 철학자는,
행복을 단지 고통이 없는 상태라고 규정한다. 그러므로 엔니우스^{고대 로}
^{마의 시인}는 불행하지 않는 것은 인간으로서 가질 수 있는 행복을 가진 것
이라고 말했다.

　"불행하지 않다는 것은 행복을 가진 것이다."

– 제2권, 12장. 레이몽 스봉의 변론

인간의 정신은 신중하고 조화롭게 사용하지 않으면, 그 정신의 소유자에게도 위험한 양날의 칼이다. 짐승들도 가리개로 눈을 가려 시야를 한정해 행동을 제한하고 복종시키듯이, 인간에게는 습관과 법률로서 인간의 행동반경을 제한하여 이곳저곳으로 헤매는 것을 막아줄 필요가 있다.

— 제2권, 12장. 레이몽 스봉의 변론

미셸 드 몽테뉴 《수상록》

폭군 디오니시우스시칠리아 시라쿠사의 참주는 아름다운 페르시아의 수를 놓은 옷을 향료까지 뿌려 플라톤에게 선물했다. 그런데 플라톤은 자신은 남자이기에 여자의 옷을 입고 싶지 않다며 받지 않았다. 그러나 아리스티포스그리스의 철학자. 북아프리카 키레네 출생는 그 선물을 받으며, "깨끗한 영혼은 옷에 의해 부패되지 않는다"고 말했다. 그러자 그의 친구들은 그의 비굴함을 비난하면서 "디오니시우스가 너의 얼굴에 침을 뱉어도 그냥 넘어갔을 것"이라며 나무랐다. 그러자 아리스티포스는 "어부들은 하찮은 망둥이 한 마리를 잡기 위해서도 머리부터 발끝까지 물에 젖는 수고를 하지요"라고 말했다.

디오게네스는 채소를 씻다가 아리스티포스가 걸어가는 것을 보고, "그대가 채소를 먹고 살아갈 수 있다면, 폭군에게 고개 숙일 필요가 없지"라고 말하자, 아리스티포스는 "그대가 사람들과 어울려 살아갈 줄 안다면, 채소를 씻지 않아도 되었을 것이야"라고 대꾸했다.

이처럼 인간의 이성은 한 가지 사실을 다양한 방법으로 설명할 수 있다. 마치 손잡이가 두 개인 항아리와 같다. 왼쪽 손잡이를 잡아도 좋고 오른쪽 손잡이를 잡아도 좋다.

— 제2권, 12장. 레이몽 스봉의 변론

입맛을 잃은 자는 맛없는 것을 술 탓으로 돌리고, 건강한 자는 맛과 향에 술을 칭찬하며, 목마른 자는 그 시원함을 술 덕분으로 여긴다.

– 제2권, 12장. 레이몽 스봉의 변론

미셸 드 몽테뉴 《수상록》

결국 나를 포함하여 모든 인간과 대상으로서
모든 사물들 가운데 영원히 존재하는 것은 아무것도 없다. 우리 자신이
나 우리의 판단, 모든 소멸되는 사물들은 끊임없이 구르고 흘러간다. 그
러므로 판단하는 자와 판단을 당하는 자는 모두 확고한 것을 세울 수 없
고, 끊임없는 변화와 흐름 속에 있는 것이다.

– 제2권, 12장. 레이몽 스봉의 변론

우리는 존재와 어떤 소통도 하지 않는다. 인간의 본성은 모두 출생과 죽음의 중간에 위치하고, 그 자체에 대해 어두운 겉모습과 그림자 그리고 불분명하고 허술한 의견만을 내놓기 때문이다. 간혹 인간의 본성을 파악하고자 생각을 집중한다고 해도 그것은 물을 쥐려는 것과 다름없다. 그 본성에 따라 어디로든 흘러가는 것인데, 그것을 쥐려고 한다면 그만큼 잃어버리기 때문이다. 이와 같이 모든 사물들은 하나의 변화에서 다른 변화로 이행하기 때문에, 인간의 이성은 참으로 지속되는 영원불변한 것을 찾고자 하지만 쥘 수 없어 실망하고 만다.

– 제2권, 12장. 레이몽 스봉의 변론

모든 일에는 각각 적당한 때가 있다. 좋은 일이든 나쁜 일이든 모든 일이 그렇다. 하느님께 드리는 기도 역시 마찬가지여서, 때에 맞지 않은 경우도 있다. 장수인 퀸티우스 플라미니누스로마의 장군는 비록 전투에서 승리했지만, 한창 전쟁 중인 때에 혼자 따로 떨어져 하느님께 기도한다고 시간을 낭비했기에 심한 비난을 받았다. 나도 적절하지 않은 때에 주기도문을 입에 올리는 경우가 있다.

"현자賢者는 덕행德行에도 한계를 둔다." (유베날리스)

에우데모니다스는 크세노크라테스그리스 철학자가 늙은 나이에도 불구하고 공부에 열중하는 것을 보고 "아직도 공부를 하고 있으니 언제나 알게 될까?"라고 말했다. 또 필로포이멘그리스의 장군은 프톨레마이오스고대 이집트의 왕 왕이 매일 무술을 연마하며 신체를 단련하는 것을 크게 칭찬하는 사람들에게 이렇게 말했다. "그 나이의 왕이 무술을 연마하는 것은 칭찬받을 일이 아니다. 이제 그는 그것을 실제로 사용해야 한다."

현자들은 "젊은이들은 자기를 건실하게 준비해야 하고, 늙은이들은 그 준비한 것을 누려야 한다"라고 말한다. 현자들은 우리의 본성 가운데 가장 악한 덕이 끊임없이 젊어지려는 욕망이라고 한다. 사람들은 늘 삶을 다시 시작한다. 공부와 욕망도 때로는 늙음을 느껴야 한다. 우리의 한 쪽 발은 무덤 속에 있는데, 욕망과 추구는 탄생하고 있다.

미셸 드 몽테뉴 ≪수상록≫

"그대는 죽음이 임박했는데,

무덤은 생각하지 않고 대리석을 깎아 집을 짓고 있다." (호라티우스)

— 제2권, 28장. 모든 일에는 적절한 때가 있다

분노는 스스로 자기만족하는 격한 감정이다. 우리는 그릇된 원칙에 의해 화가 났을 때, 정당한 변호와 변명을 들어도 진실이나 결백한 일에 대해서도 분노하는 경우가 얼마나 많은가? 나는 이것에 관련한 고대의 놀랄 만한 사례를 기억하고 있다.

피소[1세기경 로마의 장군]는 평소 도덕적으로 훌륭한 인물로 정평이 나 있었다. 어느 날 그 휘하의 병사 둘이 말에게 풀을 먹이러 갔는데, 한 사람만 돌아왔다. 그 병사는 동료가 어디에 있는지 말하지 못했다. 그러자 피소는 그가 동료를 죽인 것이 확실하다고 생각해 즉시 사형을 선고했다. 그 병사가 사형대에 섰을 때, 길을 잃고 헤매던 동료 병사가 돌아왔다. 두 병사는 서로 부둥켜안고 기뻐했고, 사형집행인은 피소에게 이들을 데리고 갔다. 그들은 피소가 무척 기뻐할 것으로 생각했다.

그러나 상황은 정반대였다. 피소는 화를 누그러뜨리기는커녕, 오히려 수치와 분한 마음으로 인해 분노가 배가되었다. 그리하여 격한 감정에 의해 만들어진 궤변으로 그들 셋을 모두 사형에 처했다. 홀로 먼저 돌아온 병사는 이미 사형선고를 받았고, 길을 잃었던 병사는 동료의 사형선고의 원인이 되었으며, 사형집행인은 명령에 복종하지 않았다는 이유였다.

— 제2권, 31장. 분노에 대하여

영예로움으로 향하는 가장 빠른 지름길은 모든 일을 양심에 따라 하는 것이다. 비록 소크라테스는 보잘것없고 어설퍼 보이는 행동을 하였지만, 그의 덕德은 알렉산더가 전쟁터에서 보인 덕보다 작지 않았다. 만약 소크라테스가 알렉산더의 자리에 있었다면 그의 역할을 훌륭히 수행했겠지만, 알렉산더는 소크라테스의 몫을 해내지 못했을 것이라고 나는 생각한다. 누군가가 알렉산더에게 무엇을 할 수 있는가를 묻는다면, 그는 '세상을 정복하는 것'이라고 말할 것이다. 소크라테스에게도 같은 질문을 한다면, 그는 '타고난 조건에 맞게 삶을 살아가는 것'이라고 대답할 것이다. 이것이 더욱 보편적이고 중요하며 타당한 지식이다. 영혼의 가치는 높이 상승하는 데 있는 것이 아니라 질서 있게 사는 것에 있다.

– 제3권, 2장. 후회에 대하여

인간의 정신을 가장 자연스럽고 효과적으로 훈련하는 방법은 사람들간의 대화라고 생각한다. 대화는 인간의 어떠한 행위보다도 즐거운 일이다. 이런 이유로 만약에 귀와 혀와 눈 중에서 한 가지를 버려야만 한다면, 나는 귀와 혀보다는 눈을 기꺼이 버릴 것이다. 아테네인들과 로마인들은 대화를 훈련하는 것을 매우 중요하게 여겼다. 오늘날 이탈리아인들은 그 전통을 이어받아 많은 혜택을 누리고 있다.

책을 가지고 하는 공부는 나태하고 무기력하게 만들며 적극적인 자극을 주지 못한다. 그러나 대화는 단번에 깨우쳐주고 훈련을 시킨다. 강한 정신력과 대화기술을 가진 사람과 대화하면, 나는 그의 사상으로 나의 좌우를 밀거나 찌르면서 공격하여 나의 관념을 발동케 한다. 그에 대한 시기심과 명예로움과 경쟁심 등이 자극되어 나를 한 단계 상승시킨다. 그러므로 대화에서 같은 생각을 가진 것만큼 따분한 것은 없다.

– 제3권, 8장. 대화의 기술에 대하여

미셸 드 몽테뉴 ≪수상록≫

죽음에 대한 근심으로 삶이 방해받고, 삶에 대한 걱정으로 죽음이 방해받는다. 앞의 것은 우리에게 고난을 가져다주고, 다른 하나는 우리에게 공포를 준다. 우리는 죽음에 대해 준비할 것이 없다. 그것은 너무나 순간적으로 일어난다. 결과가 없고 해로움이 없는 15분 동안의 고생에서 배울 특별한 교훈도 없다. 사실 우리는 죽음의 준비를 준비하는 것뿐이다.

― 제3권. 12장. 인상에 대하여

두 사람이 하나의 일을 두고 똑같이 판단하지
는 않는다. 다른 사람이 아니라 같은 사람이라고 해도 그렇다. 시간이
흘러도 이전의 의견과 나중의 의견이 똑같은 경우는 아주 드물다.

－ 제3권, 13장. 경험에 관하여

미셸 드 몽테뉴 《수상록》

자기 존재를 충실하게 활용하며 즐기면서 사는 방법을 아는 것은, 절대적인 완전함이며 신성함과 같은 것이다. 우리는 자신의 용도를 알지 못하기에 자기와 맞지 않은 조건들을 찾는다. 그리고 자신이 처한 상황을 모르기에 결국 자기 자신에게서 벗어난다. 그런 까닭에 우리가 죽마竹馬를 타고 아무리 높은 곳까지 올라간다 해도 별 의미가 없다. 죽마 위에서도 두 다리로 걸어야 하기 때문이다. 세상의 가장 높은 왕좌 위에 오른다고 해도, 엉덩이로 앉는 것에 불과하기에 마찬가지다.

　　내 생각으로는, 가장 안락하고 즐거운 인생이란 터무니없는 기적과 같은 일 없이, 보통의 인간에게 모범이 되는 질서 있는 자세로 사는 인생이다. 그런데 인생의 말년에는 조금 부드럽게 대접받아야 한다. 건강과 지혜의 샘을 수호하며 유쾌하고 상냥한 신에게 노년을 위탁할 수 있어야 한다.

– 제3권, 13장. 경험에 관하여

미셸 드 몽테뉴와 ≪수상록≫

✎ 시대상황

인간의 삶이 철저하게 신과 교회의 굴레에 매여 있던 중세의 암흑기를 지나, 14세기에 이르러 인간의 독립성과 자율성을 주장하는 움직임이 일어났다. 이탈리아에서 시작된 이 움직임은 인간 스스로가 자신에 대한 모든 것을 결정하는 자유와 권리를 주장하는 것으로, 신과 교회에 대한 무조건적인 복종에서 벗어나고자 한 것이다. 이 같은 변화의 움직임은 유럽 전역을 덮친 페스트의 영향으로 잠시 주춤하였으나, 15세기에 들어서면서 다시 활기를 되찾아 프랑스와 네덜란드, 영국 등으로 확산되었다.

이러한 움직임은 인간 중심 문화의 부활을 꾀하려는 운동으로 나타났고, 그에 따라 고대 그리스와 로마 문명에 대한 재인식이 이루어졌다. 르네상스라고 부르는 이 운동은 16세기에 전 유럽으로 전파되면서, 중세와 근세의 징검다리 역할을 했다. 르네상스를 이끈 자유사상가들은 고대 그리스·로마 시대의 인본주의적 문화를 재건하는 것이 인간성 회복의 길이라고 확신했다. 이와 함께 고대문학인 라틴문학의 중흥이 일어났으며, 또한 로마 교황을 중심으로 한 가톨릭교회의 타락을 비판하며 헤브라이어와 그리스어로 쓰인 성서의 원전을 연구해 그리스도교의 참된 정신으로 돌아가자는 종교개혁운동이 일어났다.

몽테뉴가 활동하던 16세기 중반의 프랑스는 르네상스라는 거대한 변화의 바람과 함께 종교개혁에 따른 신구교간의 대립이 전국을 휩쓸면서 참혹한 내전 상황이 지루하게 계속되었다. 1572년 성 바르톨로메오¹²사도의 한 사람으로 나다니엘이라고도 한다.의 축일에 종교전쟁을 종식시키기 위해 신교도인 앙리 왕과 가톨릭 신자인 마가렛 공주가 결혼식을 올릴 예정이었다. 이것을 축하하기 위해 신교도인 위그노들이 파리로 몰려들었다. 그러나 마지막에 가톨릭계가 변심을 하여 정략결혼이 무산되면서 위그노들은 사흘 동안 무참히 살육당했고, 이로써 36년간의 종교전쟁이 시작되었다.

이즈음인 1570년에 몽테뉴는 법관직에서 은퇴하고 고향으로 돌아가 몽테뉴 성의

서재에서 글을 쓰기 시작했다. 이 내전은 몽테뉴가 죽은 후인 1598년 낭트칙령으로 끝이 난다.

르네상스의 바람을 일으킨 자유사상들은 인간 본성의 회복을 외치지만, 종교적인 갈등은 인간에 대한 신뢰를 무너뜨렸다. 또 장기간의 기근과 참혹한 페스트의 창궐은 인간의 존엄성에 대한 사상들을 헛된 이상으로 치부하게 만들었다.

이런 혼란 속에 몽테뉴는 인본주의 정신과 더불어 절제된 태도로 ≪수상록≫을 쓴다. 서문에서 그는 "이 책에서 내가 묘사하는 것은 바로 나 자신"이라고 밝힌다. 글을 쓴 목적이 인간 전체나 인간 본질에 대한 연구가 아니라 자기 자신을 탐구하는 것이며, 탐구의 대상이 자기 자신임을 분명히 한 것이다. 여기에서 몽테뉴의 사상을 관통하는 명언, '내가 아는 것은 무엇인가Que sais-je?'가 탄생한다. 몽테뉴는 모르는 것은 모른다고 하고, 확실하지 않은 것은 불확실한 채로 판단유보하면서, 진정 내가 아는 것은 무엇인가를 늘 고민했다.

ᕊ 몽테뉴의 생애

미셸 드 몽테뉴Michel de Montaigne, 1533~1592년는 1533년 프랑스 페리고르 주의 몽테뉴에서 태어났다. 그의 조상들은 청어와 대구 등의 생선과 유명한 보르도 포도주 상인으로 큰돈을 벌어 몽테뉴 영지를 샀다. 당시는 영국과의 백년전쟁으로 인해 몰락한 귀족들이 많아 성과 영지의 매매가 빈번했다.

미셸 드 몽테뉴 ≪수상록≫

몽테뉴라는 가문은 이 영지의 이름에서 비롯되었는데, 이 이름을 성으로 사용한 첫 번째 사람은 미셸 드 몽테뉴의 아버지 피에르 에이컴 드 몽테뉴이다. 피에르는 아버지에게서 물려받은 상인이라는 가업을 버리고, 가문의 명예를 높이기 위해 군인으로 전투에 참가했다. 특히 프랑수와 1세^{재위 1515~1547년}를 도와 이탈리아 전쟁에 참전하여 귀족의 지위를 다졌고, 또 보르도 시장이 되어 훗날 아들 몽테뉴가 보르도 시장이 되는 기반을 닦았다. 피에르는 당시 르네상스의 진원지이며 신문화의 중심지였던 이탈리아 원정의 경험을 바탕으로 대단한 열정으로 몽테뉴를 교육했다.

몽테뉴는 태어나자마자 2살이 될 때까지 영지 내에 있는 가난한 집의 양자로 자랐다. 이는 서민들의 생활을 익혀 영내 주민들과의 갈등을 줄이기 위한 방편으로 마련한, 당시 귀족들이 자녀를 교육하는 일반적인 방법이었다.

몽테뉴가 두 살이 지나 집으로 돌아온 후로 아버지 피에르는 개인교사를 두어 라틴어만을 사용하도록 가르쳤다. 부모와의 대화뿐만 아니라 하인들과의 대화에서도 라틴어만 사용하게 했다. 여섯 살이 된 몽테뉴는 보르도에 있는 귀족학교인 귀엔 Guyenne에 입학했다. 뛰어난 라틴어 실력을 갖춘 몽테뉴는 학교에 입학하자마자 상급반으로 월반하여 13세에 전 과정을 마친다.

귀엔을 졸업한 다음 대학으로 진학해 8년간 법률을 공부한 몽테뉴는 21세에 페리괴 시의 재판소 참사로 근무했다. 재판소가 3년 만에 폐쇄되고 보르도 고등법원으로 흡수 통합되어 몽테뉴도 고등법원에 소속되는데, 그곳에서 은퇴하기 전까지 13년간 근무했다.

법원에서 일하는 동안 몽테뉴에게 일어난 가장 중요한 사건은 법원의 선배이자 친구이며 또한 정신적인 스승이기도 한 라 보에시를 만난 것이다. 몽테뉴보다 3살 많은 라 보에시는 고대문학에 관심을 가진 자유사상가로 ≪자발적 복종에 대하여≫라는 책을 썼다. 그러나 그는 전염병으로 33세의 짧은 생을 마감하고, 자신이 가진 모든 장서를 몽테뉴에게 물려주었다.

라 보에시의 죽음으로 오랫동안 방황한 몽테뉴는 그가 죽은 지 2년 후에, 매우 부유한 고등법원 재판관의 딸인 프랑소와즈 드 라 샤세뉴와 결혼했다. 둘 사이에 6명의 딸이 태어났지만 둘째딸을 제외하고 모두 몇 개월을 넘기지 못하고 죽었다. 몽테뉴의 가정생활은 무척 불운했다. 어머니와 관계가 몹시 좋지 않았고, 동생과 아내가 불륜을 저지르는 것을 알고 무척 괴로워했다.

법원 시절 또 하나의 중요한 사건은 아버지의 부탁으로 시작된다. 피에르는 당시 에라스무스 등의 사상가들의 사상과 학문에 많은 관심을 가졌는데, 스페인의 신학자인 레이몽 스봉의 저서인 ≪자연신학Theologia naturalis≫을 프랑스어로 번역해줄 것을 몽테뉴에게 부탁했다. 이 책은 1430년경에 저술되어 프랑스어로도 이미 많이 번역되었음에도 아들이 번역해주기를 원한 것이다. 이 책에서 레이몽 스봉은 기독교적 진리를 신앙과 신학적인 방법이 아닌 인간의 이성으로 설명하고자 했다.

이 책의 번역을 통해 몽테뉴는 깊은 사색을 하게 되었고, 더불어 글쓰기의 능력이 진일보한다. 그리고 이때의 경험은 ≪수상록≫ 제2권에 12장 '레이몽 스봉의 변론'이라는 제목으로 삽입되었다. 하지만 제목과는 달리 몽테뉴는 이성의 논리와 신앙의 논리가 분리되어야 함을 주장하고, 인간의 오만과 이성의 허영심에 대해 질타한다. 몽테뉴가 ≪자연신학≫을 번역해 출간한 것은 1569년으로, 아버지 피에르는 바로 전 해에

72세로 죽음을 맞이하여 번역서는 보지 못했다.

아버지가 죽은 후, 몽테뉴는 아버지의 영지를 계승하기 위해 법관직을 그만두고 1570년 고향으로 돌아왔고, 파리에서 친구 라 보에시의 책을 출간하는 등의 일로 2년간 소일하였다. 그리고 38세가 되던 1572년부터 ≪수상록≫을 집필하기 시작해 1580년에 1, 2권, 1587년에 3권을 출간했다. 그리고 죽기 직전까지 원고를 보충했는데, 이렇게 단 한 권의 책을 완성하는 데 약 20년이 걸렸다.

몽테뉴는, 인생은 그 자체로 좋고 나쁨이 있는 것이 아니라 마음먹기에 달려 있으며, 자신에게 주어진 조건에 맞게 살아가는 것이 최고의 지혜라고 생각했고, 그 생각대로 삶을 살았다.

몽테뉴의 사상과 ≪수상록≫

≪수상록≫의 원제인 에세essais는 몽테뉴가 처음 사용한 말로, 시도, 시험, 실험 등의 뜻을 가진 프랑스어다. 이 책의 제목이 뜻하는 것은 자기 자신에 대한 새로운 시도, 자신이 타고난 능력에 대한 시험이기도 하며, 자기가 알고 있는 모든 것을 회의하는 실험이기도 했다. 이것은 영어로는 에세이essay, 한국어로는 수필隨筆이나 수상隨想으로 번역되는데, 자신의 경험이나 느낌 등을 형식에 구애받지 않고 자유롭게 쓴 글을 의미하는 문학의 한 장르가 되었다.

몽테뉴는 자기 성에 있는 원형탑 3층 서재에서 ≪수상록≫을 썼다. 이 서재는 둘레가 50보 정도로 큰 방인데, 라 보에시가 준 도서를 포함하여 1,000권 정도의 책이 소장되어 있었다. 그곳에서 그는 거의 매일 손님들을 만나 담소하거나 책을 읽었고, 생각이 떠오를 때마다 메모하거나 책의 내용에 주석을 달았다. 몽테뉴가 좋아했던 사상가들은 ≪영웅전≫을 쓴 플루타르코스, 노예에서 로마 최고의 시인이 된 호라티우스, 회의주의 철학자인 섹스토스 엠페이리코스 등이었다.

몽테뉴는 ≪수상록≫을 약 20년에 걸쳐 쓰면서 사상의 변화를 겪는다. 초기에는 세네카와 카토 등의 스토아학파의 영향을 받아, 냉철한 이성의 힘으로 정념과 육체를 통제하고 자연의 이치에 따라 생활해야 행복에 이를 수 있다고 생각했다. 하지만 많은 문제가 발생하는 일상생활에서는 명석한 결론에 도달하기란 어렵다는 것을 깨닫고, 피론이나 엠피이리코스 등의 회의주의에 관심을 가지게 된다. 인간의 이성으로는 진리에 도달할 수 없으며 오로지 상대적인 진리만을 획득할 뿐이라는 회의주의자들의 주장에 동조하면서, "내가 고양이를 데리고 노는 것인지 고양이가 나를 데리고 노는 것인지 누가 알겠는가"라고 말했다.

그러나 몽테뉴는 회의주의에 머무르지 않고 오히려 자기 판단의 주체로서 '내가 아는 것은 무엇인가Que sais-je?'라고 반문하며 자신에 대해 탐구했으며, 나아가 인간성에 대한 문제에 천착했다. 특히 ≪수상록≫의 후반에서는 소크라테스의 말을 많이 인용했는데, "너 자신을 알라"는 전통적인 명언에 주목했다. 몽테뉴는 자기 자신의 의식과 사유작용을 철저하게 관찰하여 "나는 생각한다. 고로 존재한다"고 말한 데카르트의 인간 중심 철학의 초석이 되었다.

먼저 출간된 ≪수상록≫ 1, 2권은 3권을 인쇄하기 전에 5쇄를 찍을 정도의 베스

미셸 드 몽테뉴 ≪수상록≫

트셀러였으며, 영국에서도 번역되어 셰익스피어가 읽고 영감을 받아 ≪템페스트^{The} ^{Tempest}≫를 썼다고 한다. 1676년에 ≪수상록≫은 교황청의 금서목록에 올라 1939년까지 풀려나지 못했지만, 이 책을 통해 몽테뉴는 100년 후에 활동한 파스칼이나 17, 18세기의 쇼펜하우어와 니체에 지대한 영향을 끼쳤고, 특히 니체는 몽테뉴를 '가장 자유롭고 가장 위대한 영혼'이라고 칭송했다.

≪팡세≫라고 하면 흔히 "인간은 생각하는 갈대", "클레오파트라의 코가 조금만 더 낮

았더라면⋯⋯" 등의 이야기를 떠올리지만, 파스칼이 이 책을 쓴 목적은 기독교의 진

리성을 밝혀 널리 전파하는 것이었다. 그는 이를 위해 포르 르와얄 수도원에서 4년

동안 단상 형식으로 924개의 짧은 글을 썼다. 하지만 39세의 젊은 나이에 요절하였

기에 이 책은 그가 죽은 후 8년이 지났을 때 유작으로 발표되었고, 당시 제목은 ≪종

교 및 그 밖의 문제들에 관한 파스칼의 사상(팡세)—유고 속에서≫였다.

블레즈 파스칼

Blaise Pascal, 1623~1662년

팡세

Pensées

어떤 일을 판단하는 데 명확한 기준이 있는 사람과 없는 사람은, 시계를 가진 사람과 가지 않은 사람의 관계와 같다. 한 사람은 "벌써 두 시간이 지났다"라고 말하고 다른 사람은 "45분밖에 지나지 않았어"라고 말한다. 나는 나의 시계를 보고, 먼저 말한 사람에게는 "당신은 지루하신 모양입니다"라고 말하고, 뒤에 말한 사람에게는 "당신은 즐거웠던 모양입니다"라고 말한다. 실제로 시간은 한 시간 반이 지났기 때문이다. 다른 사람이 나를 일시적인 기분에 따라 시간을 길게 혹은 짧게 판단한다고 비난하는 말에 마음을 두지 않는다. 그들은 내가 시계를 가지고 판단하는 것을 모를 뿐이다.

－1장. 정신과 문체에 대한 고찰, 5

블레즈 파스칼 《팡세》

우리는 이성에 해롭게 하는 것처럼 감성에도 해를 끼친다. 이성과 감성은 다른 사람들과의 대화를 통해 성숙하기도 하고 서로 해를 입히기도 한다. 이처럼 이성과 감성은 좋은 대화나 나쁜 대화에 의해 성숙하거나 나빠지기도 하기에, 좋은 대화를 하는 현명한 선택이 중요하다. 그러나 이성과 감성이 어느 정도 성숙하고 망가지지 않은 상태여야만 현명한 선택을 할 수 있다. 결국 하나의 순환이 일어나는데, 그 순환에서 빠져나오는 사람은 행복하다.

－1장. 정신과 문체에 대한 고찰, 6

지성이 높은 사람일수록 그만큼 더 특출한 사람들을 발견하게 된다. 평범한 사람들은 사람들 사이에서 차이를 발견하지 못한다.

－1장. 정신과 문체에 대한 고찰, 7

블레즈 파스칼 《팡세》

다른 사람에게 잘못을 알아듣게 꾸짖거나 지적할 때에는, 그 사람이 대상을 어떤 관점에서 바라보는지를 먼저 살펴야 한다. 그가 관심을 가진 관점에서 보면 그것은 진실하기 때문이다. 그리고 그에게 이 부분을 인정해준 다음, 오류를 범하고 있는 다른 관점을 알려주어야 한다. 그러면 그는 만족한다. 자신의 판단이 틀린 것이 아니라, 단지 다른 관점들을 다 보지 못했을 뿐임을 인식하기 때문이다.

사람들은 여러 방면을 두루 보지 못한 것에 대해서는 화를 내지 않지만, 틀렸다고 하는 것은 무척이나 싫어한다. 이것은 사람들은 천성적으로 사물을 모든 관점에서 관찰할 수 없고 감성에 의한 지각은 언제나 진실하기 때문에, 자신이 직접 보고 관심을 기울이는 것에 대해서는 틀리는 경우가 없다고 생각하는 데 기인한다.

－1장. 정신과 문체에 대한 고찰, 9

사람은 자기 자신을 잘 알아야 한다. 비록 진리를 찾는 데에는 큰 도움이 되지 않지만, 적어도 자신의 삶을 계획하는 데 이보다 더 나은 것은 없다.

— 2장. 신이 없는 인간의 비참함, 66

블레즈 파스칼 ≪팡세≫

사람들은 참다운 인간이 되는 길에 대해서는 가르침을 받지 못하고, 그 이외의 것만 배운다. 그래서 참다운 인간이 되는 길에 대해 알고 있다는 것을 다른 어떤 지식을 아는 것보다도 자랑스럽게 여긴다. 배운 적이 없는 단 하나뿐인 이것을 알고 있기에 자랑스러워하는 것이다.

— 2장. 신이 없는 인간의 비참함, 68

절름발이는 우리를 화나게 하지 않지만, 정신적인 절름발이는 우리를 불쾌하게 한다. 그 이유는 무엇일까? 육체적인 절름발이는 우리가 바르게 걸어가는 것을 인정하지만 정신적인 절름발이는 우리가 절뚝거리며 걷고 있는 것처럼 말하기 때문이다. 그들이 그렇게 하지 않는다면 우리는 그들을 동정할지언정 화를 내지는 않을 것이다.

에픽테토스로마의 스토아 철학자는 특별히 강조하여 질문했다.

"우리는 '당신은 두통을 앓고 있군요'라는 말을 들을 때에는 불쾌해하지 않지만, '당신은 추리나 판단을 잘못했소'라고 할 때에는 매우 불쾌해하고 화를 내게 되는데, 그 이유는 뭘까요?"

그 이유는 이러하다. 우리는 두통을 앓고 있지 않다든가 절름발이가 아니라는 것에 대해서는 확신하지만, 진리에 관련한 판단에서는 확신을 가지지 못한다. 다시 말해, 우리 눈으로 그것을 보기 전에는 확신할 수 없기에, 다른 사람의 눈으로 우리와 정반대되는 것을 보면 생각이 정리가 되지 않고 당황하게 된다. 많은 사람들이 우리의 선택을 지적하면 더욱 난감해진다. 왜냐하면 우리는 많은 다른 사람들의 판단보다 자신의 판단을 믿어야 하는데, 그것은 벅차고 어려운 일이기 때문이다. 절름발이에 대한 감정에는 이런 모순이 없다.

– 2장. 신이 없는 인간의 비참함, 80

블레즈 파스칼 ≪팡세≫

정신은 저절로 믿고, 의지는 저절로 사랑한다. 그래서 진정한 대상이 없으면 정신과 의지는 거짓된 것들을 믿거나 사랑하게 된다.

－2장. 신이 없는 인간의 비참함, 81

언제나 같은 결과가 생겨나는 것을 보면 우리는 자연의 필연성을 결론짓는다. 예컨대, '내일도 해가 뜰 것이다'처럼 말이다. 그러나 자연은 때때로 우리를 속일 뿐만 아니라 자신의 규칙에도 따르지 않는다.

− 2장. 신이 없는 인간의 비참함, 91

블레즈 파스칼 《팡세》

우리는 사람을 대할 때 오르간을 연주하는 것처럼 한다. 인간은 오르간과 같은 존재이다. 하지만 파이프가 올바른 음의 순서로 나열되어 있지 않기에, 기묘하고 변덕스럽고 불안정한 오르간이다. 보통의 오르간을 연주하는 방법만을 아는 사람은 이것을 연주할 수 없다. 기음基音이 어디에 있는지 알아야 한다.

― 2장. 신이 없는 인간의 비참함. 111

인간의 본성은 운동에 있다. 따라서 완전한 휴
식은 죽음이다.

– 2장. 신이 없는 인간의 비참함, 129

블레즈 파스칼 ≪팡세≫

날마다 약간의 도박을 하면서 권태롭지 않게 하루하루를 보내는 사람이 있다. 만약 그에게 도박을 하지 않는다는 조건으로 매일 아침마다 그가 하루에 도박으로 벌 수 있는 만큼의 돈을 준다면 어찌될까? 그러면 그는 불행해질 것이다. 그가 도박을 하는 목적이 도박함으로써 얻는 즐거움이었지 돈이 아니라고 말할 사람도 있을 것이다. 그렇다면 그에게 아무것도 걸려 있지 않은 도박을 하게 하라. 그래도 그는 도박에 집중하지 못하고 권태로움을 느낄 것이다. 왜냐하면 그가 도박에서 얻고자 하는 것이 즐거움만은 아니기 때문이다. 열기가 빠진 도박은 그를 권태에 빠뜨린다. 그는 도박하지 않는다는 조건으로 받는 것이라면 결코 받지 않았을 것을 위해, 도박을 해서 딴다면 즐거울 것이라고 상상하면서 자신을 속이는 것이다. 이것은 그저 열정을 가질 만한 대상을 하나 만들기 위해서이며, 마치 어린아이들이 자기 스스로가 더럽힌 얼굴을 보고 겁을 내듯이, 자기가 만든 목적에 대해 원망이나 분노나 공포를 불러일으키게 될 것이다.

– 2장. 신이 없는 인간의 비참함, 139

인간은 사고하기 위해 만들어진 존재이다. 생각한다는 것은 인간이 갖는 품위의 전부이며, 인간의 가치는 사고에 있다. 그리고 인간에게 주어진 의무의 전부는 올바르게 사고하는 것에 있다. 여기에서 사고의 순서는 자기 자신에게서 시작하여 자신의 창조주와 자신의 목적으로 향해야 한다.

그런데 세상 사람들은 무엇을 생각하고 있는가? 결코 그런 생각을 하지 않는다. 오히려 춤을 추고, 류트를 켜고, 노래를 부르고, 시를 쓰고, 놀이를 하며, 전쟁을 하거나 왕이 될 생각을 하고 있다. 왕이 무엇이며 인간이 무엇인가에 대해서는 전혀 생각하지 않고.

–2장. 신이 없는 인간의 비참함, 146

블레즈 파스칼 《팡세》

호기심은 허영에 지나지 않는다. 우리가 어떤 일에 대해 알고자 하는 까닭은 단지 그것을 화제 삼아 다른 사람들과 이야기하기 위해서이다. 그렇지 않다면 사람들은 위험한 항해도 하지 않으려 할 것이다. 항해에 대해서 아무런 말도 하지 않고, 보고 들은 것을 혼자만 즐길 뿐 다른 사람들에게 이야기해줄 희망이 없다면 말이다.

－2장. 신이 없는 인간의 비참함. 152

자비로운 행동은 아무도 모르게 할 때 가장 훌륭하다. 그러한 사실들을 역사에서 찾으면 큰 기쁨을 느낀다. 그러나 이 것들이 알려진 것을 보면 완벽하게 숨긴 행동은 아니었던 듯하다. 그런 선한 행위를 감추기 위해 많은 노력을 했다 하더라도 조금이라도 새어 나오면 전부를 알린 거나 다름없다. 왜냐하면 이것에서 가장 아름다운 것은 감추고자 하는 생각이기 때문이다.

－2장. 신이 없는 인간의 비참함. 159

블레즈 파스칼 《팡세》

인생의 공허함을 완전히 알고자 하는 사람은
연애의 원인과 결과에 대해 생각하면 된다. 그 원인은 '나로서는 모르는
것'이고, 그 결과는 두려움이다. 너무나 미미해서 인간이 인식하기조차
어려울 정도로 사소하고 '나로서는 모르는 것'이 전 세계의 국가와 왕들
과 군대를 움직인다. 클레오파트라의 코가 조금만 낮았더라면, 전 세계
의 모습이 바뀌었을 것이다.

−2장. 신이 없는 인간의 비참함, 163

이 세상의 공허함을 알지 못하는 사람은 진실로 공허한 사람이다. 명성과 쾌락, 허황된 꿈에 사로잡힌 젊은이들이 아니라면 그것을 모르는 사람이 어디 있으랴. 그러나 그들에게서 소일거리를 제거하면 그들은 권태로움에 견디지 못할 것이다. 그리고 그때 그들은 자신도 모르는 사이에 허무를 느낄 것이다. 인간이 자신에 대해 깊게 생각할 수 있지만 즐거움이 없는 상황에서는 곧바로 불행한 상태가 된다는 것은, 참으로 안타까운 일이다.

−2장. 신이 없는 인간의 비참함, 164

블레즈 파스칼 ≪팡세≫

우리를 위로해주는 유일한 것은 소일거리이
다. 그런데 이 소일거리야말로 우리의 비참함 중에 가장 비참한 것이다.
왜냐하면 소일거리는 우리가 자신에 대해 생각하는 것을 방해하고 자신
도 깨닫지 못하는 사이에 죽음으로 인도하기 때문이다. 소일거리가 없
으면 우리는 권태에 빠질 것이고, 이 권태는 우리로 하여금 거기서 벗어
나는 더욱 확실한 방법을 찾게 할 것이다. 그러나 소일거리는 우리를 즐
겁게 해주어 자기도 모르는 사이에 죽음에 이르도록 한다.

–2장. 신이 없는 인간의 비참함, 171

우리는 결코 현재의 시간에 만족하며 휴식을 즐기지 않는다. 미래가 너무나 천천히 오기에 우리는 조급하게 미래를 바라보고, 과거가 너무 빨리 지나가기에 그 순간에 머물러 있기를 바라듯이 뒤돌아본다.

어리석게도 우리는 우리의 것이 아닌 시간 속에서 헤매며 유일하게 소유한 현재는 염두에도 두지 않는다. 너무나 공허하여 이미 놓쳐버린 시간들을 생각하고, 현존하는 유일한 시간인 현재를 어이없게 놓아버린다. 이것은 대체로 현재가 우리를 괴롭히기 때문이다. 우리가 현재를 애써 외면하려는 것은, 현재가 우리를 고뇌에 빠뜨리기 때문이다.

만일 현재가 우리에게 즐거움이라면, 우리는 현재가 지나감을 애석하게 생각할 것이다. 그러나 우리는 미래를 기반으로 현재의 괴로움을 견디려 한다. 도달할 것이라고 보장할 수 없는 시간을 위해 힘겨운 일을 준비한다.

자신의 생각을 살펴보라. 그러면 자신의 모든 생각이 과거와 미래의 일들로 가득 차 있음을 깨닫게 될 것이다. 우리는 현재에 대해 거의 생각하지 않는다. 가끔 현재에 대해 생각한다 하더라도 그것은 미래의 어떤 일을 해내는 데 필요한 해결의 실마리를 찾기 위한 것에 불과하다. 현재는 결코 우리의 목적이 아니다. 과거와 현재는 우리의 수단이고, 미

블레즈 파스칼 《팡세》

래만이 우리의 목적이다(몽테뉴). 그러므로 우리는 살고 있는 것이 아니라 살기를 원하고 있는 것이다(볼테르). 그리고 우리는 언제나 행복해지기 위해 준비만 하고 있다. 그러니 행복해질 수 없는 것은 당연하다.

—2장. 신이 없는 인간의 비참함, 172

인간은 불행하게도 한 가지 일을 즐기면서도 그것이 잘못되지는 않을까 걱정한다. 그것은 수많은 일들이 언제든지 잘못될 수 있고, 또 실제로 잘못되어가고 있기 때문이다. 반대로 불행을 걱정하지 않고 행복을 즐기는 비결을 발견한 사람이 있다면, 그는 지혜의 열쇠를 손에 쥔 사람이다. 그러나 그것은 영원한 운동과 같이 불가능하다.

-2장. 신이 없는 인간의 비참함. 181

블레즈 파스칼 《팡세》

우리는 앞에 절벽을 두고도, 눈을 가린 채 아무런 생각 없이 달려간다.

-2장. 신이 없는 인간의 비참함, 183

한 무리의 사람들이 사형선고를 받고 쇠사슬에 묶여 있다고 생각해보라. 매일 그들 중 몇 사람이 다른 사람들이 지켜보는 가운데 교수형을 당한다. 죽지 않은 사람들도 죽을 수밖에 없는 자신의 운명을 알고 괴로움과 슬픔 속에서 서로를 바라보며 자기 순서를 기다리고 있다. 이것이 인간이 처한 현실이다.

— 3장. 내기의 필연성에 대하여, 199

블레즈 파스칼 ≪팡세≫

인생에 있어 일주일을 헛되이 보낸다면 백년도
헛되이 보낼 것이다. 일주일을 포기한다면 일생을 포기하는 것이다.

－3장. 내기의 필연성에 대하여, 204

나의 짧은 일생이 우주의 영원성 속에 포함되
어 있고, 지금 내가 차지하고 있는 작은 공간이 내가 전혀 인지할 수 없
는 무한한 공간에 포함되어 있다는 것을 생각할 때, 저곳이 아닌 이곳에
있는 나를 보며 놀랍고도 두렵다. 왜냐하면 저기에 있지 않고 여기에 있
고, 그때 있지 않고 현재에 있어야 할 이유가 전혀 없기 때문이다. 누가
나를 지금 여기에 존재하게 하였는가? 누구의 명령과 지시에 의해 지금,
이곳에 내가 있게 되었는가? "단 하루만 머물렀던 나그네의 추억."

－3장. 내기의 필연성에 대하여, 205

블레즈 파스칼 ≪팡세≫

……우리는 정신인 동시에 자동기계이다. '사람을 설득하는 수단은 논증만이 아니다'는 말이 있는 것은 이 때문이다. 이 세상에 증명할 수 있는 것이 몇이나 되는가. 증거는 다만 정신을 설득할 뿐이다. 그리고 습관이야말로 가장 유력하고 믿을 수 있는 증거이다. 습관은 정신을 자신도 모르는 사이에 유인하는 자동기계를 조정한다. '내일도 해가 뜰 것이다', '우리는 죽을 것이다'라는 것을 누가 증명했는가? 그러나 우리가 그것 이상으로 굳게 확신하는 것이 있을까?

—4장. 신앙의 방법에 대하여, 252

왜 사람들은 다수의 의견을 따르는가? 그들의
의견이 더 정당하기 때문인가? 아니다. 그들이 더 강한 힘을 가졌기 때
문이다. 왜 사람들은 고대의 법과 옛 사람들의 의견을 따르는가? 그것이
더 옳기 때문일까? 아니다. 그것이 유일한 것이고, 다양한 의견에서 오
는 의견 대립을 피할 수 있기 때문이다.

－5장. 정의와 현실의 이유, 301

블레즈 파스칼 ≪팡세≫

'나'는 무엇인가. 어떤 사람이 창가에 서서 지나가는 행인들을 바라볼 때 내가 창밖을 지나간다면, 그가 나를 보기 위해 그곳에 서 있었다고 말할 수 있을까? 그렇지 않다. 그가 나를 염두에 두고 창가에 서 있었던 것이 아니기 때문이다. 아름답기 때문에 누군가를 사랑한다면, 진실로 그 사람을 사랑하는 것일까? 그렇지 않다. 아름다움을 잃어버린다면, 그는 그 사람을 사랑하지 않을 것이기 때문이다. 만약 누군가가 나의 판단력과 기억력 때문에 나를 사랑한다면, 그는 나를 사랑하는 것일까? 그렇지 않다. 나는 나 자신을 잃지 않고도 내가 가진 뛰어난 것들을 잃어버릴 수 있기 때문이다.

그렇다면, 육체에도 없고 영혼에도 없다면, 나라는 존재는 어디에 있는가? 그리고 이 특성들은 사라질 수 있는 것이기에 나의 본질에 속하는 것은 아니지만, 이 특성들이 아니라면 어떻게 육체나 영혼을 사랑할 수 있을까? 인간이 다른 인간의 영혼의 특성들과는 상관없이 영혼의 본질만을 추상적으로 사랑할 수 있을까? 이는 가능하지도, 옳지도 않다. 그렇다면 인간은 그 인물 자체를 사랑하는 것이 아니라 그의 특성들을 사랑하는 것이다. 그러므로 지위나 맡은 역할로 인해 존경받는 사람들을 경멸해서는 안 된다. 인간은 빌려온 특성들만을 사랑하기 때문이다.

–5장. 정의와 현실의 이유, 323

블레즈 파스칼 ≪팡세≫

인간은 가장 연약한 갈대에 지나지 않는다. 그러나 생각하는 갈대이다. 그것을 짓밟기 위해 전 우주가 무장할 필요는 없다. 뜨거운 증기 한 번, 물 한 방울이면 그를 죽이는 데 충분하다. 그러나 우주가 그를 짓밟을지라도, 인간은 자신을 죽이는 자보다는 훨씬 더 고결하다. 인간은 자기가 죽는다는 것을, 우주가 자기보다 우월하다는 것을 잘 알고 있지만, 우주는 그것을 전혀 모르기 때문이다.

인간의 존엄성은 사유하는 것에 있다. 우리는 우리가 채울 수 없는 공간이나 시간에 의해서가 아니라, 사유로써 우리 자신을 한 단계 더 높여야 하는 이유가 여기에 있다. 그러므로 올바르게 사유하도록 힘써야 한다. 이것이 도덕의 원리이다.

—6장. 철학자들, 347

생각하는 갈대. 나의 존엄성을 찾을 곳은 공간이 아니라 내 사유의 통제 속이다. 많은 영토를 소유한다고 할지라도 인간의 한계를 넘는 것을 소유할 수는 없다. 우주는 공간 속에서 나를 포용하고 하나의 점인 것처럼 나를 지배한다. 그러나 나는 나의 사유로 우주를 포용할 수 있다.

–6장. 철학자들, 348

블레즈 파스칼 《팡세》

인간은 천사도 아니고 짐승도 아니다. 그리고
불행한 것은 천사를 닮고자 하는 사람이 짐승을 닮는다는 것이다.

-6장. 철학자들, 358

사유. 인간의 모든 존엄성은 사유에 있다. 그러
므로 인간의 사유는 그 본성상 매우 훌륭하고 다른 어떤 것과도 비교할
수 없는 것이다. 어떤 결함이 없는 한, 어떤 경멸도 당하지 않는다. 그러
나 사유는 이보다 더 우스운 것이 없을 정도로 어이없이 큰 결함^{통제 불가}
^{능한 상상력}을 가지고 있다. 사유는 본성상 얼마나 위대한가! 또 그 결함을
보면 얼마나 하찮은가!

−6장. 철학자들, 365

블레즈 파스칼 ≪팡세≫

사람이 너무 젊으면 올바른 판단을 하기 어렵다. 너무 늙어서도 마찬가지다. 깊이 생각하지 않거나 너무 깊이 생각해도, 고집불통이 되거나 다른 생각을 하지 못하게 된다. 작품을 끝낸 직후에 작품을 바라보면 기존의 선입견을 가지고 보게 된다. 하지만 어느 정도 시간이 지나면 그 편견은 사라진다. 그림을 볼 때 너무 가까운 곳이나 먼 곳에서 보면 제대로 감상할 수 없다. 그림을 평가할 수 있는 적절한 자리는 오직 한 지점밖에 없고, 그 밖의 지점은 너무 멀거나 가깝거나, 높거나 낮다. 그림에서는 원근법이 이 점을 결정하지만, 진리와 도덕에서는 과연 누가 그것을 결정하는가?

−6장. 철학자들, 381

인간의 위대함은 자신이 비참한 존재임을 아는 데 있다. 나무는 자기가 비참한 존재라는 것을 알지 못한다. 그러므로 자기가 비참한 존재임을 깨닫는 것은 비참한 일이지만, 자신의 비참함을 아는 것은 위대한 일이다.

–6장. 철학자들, 397

블레즈 파스칼 《팡세》

악은 저지르기 쉽고, 이 세상에 헤아릴 수 없을
만큼 많다. 반면에 선은 하나밖에 없다. 그러나 어떤 종류의 악은 사람
들에게 선이라고 불리기 때문에 구분하기 어렵다. 이런 이유로 그런 특
수한 악을 종종 선으로 오인하는 경우가 있다. 그런 악에 도달하려면 선
에 이르는 것과 마찬가지로 영혼의 아주 뛰어난 위대성까지 필요하다.

−6장. 철학자들, 408

인간의 위대함을 일깨워주지 않고 짐승과 비슷한 점만을 알려주는 것은 위험하다. 인간이 비천한 존재임을 일깨워주지 않고 위대함을 알려주는 것도 위험하다. 그리고 그 두 가지 측면을 모두 알려주지 않는 것은 더 위험하다.

인간은 자신이 천사와 같은 고귀한 존재라고 자만해서도 안 되고, 짐승과 다름없는 존재라고 생각해서도 안 되며, 이 두 가지를 다 몰라서도 안 되고, 양쪽 모두를 알아야 한다.

-6장. 철학자들, 418

블레즈 파스칼 《팡세》

우리는 진리를 갈망한다. 그러나 우리 안에는 불확실한 것뿐이다. 우리는 행복을 추구한다. 그러나 우리는 비참함과 죽음만을 발견할 뿐이다. 우리는 진리와 행복을 추구하지 않을 수 없고, 진리와 행복에 도달할 수 없다. 이처럼 도달할 수 없는 욕구가 우리에게 주어진 것은 우리의 죄를 벌하기 위해, 그리고 우리가 어디에서 잘못을 했는지 깨우쳐주기 위한 것이다.

－7장 도덕과 교리, 437

각각의 개인은 자신에게 있어서는 전부이다. 자신이 죽으면 그에 속하는 모든 것이 같이 죽기 때문이다. 이런 이유로 개인들은 모두가 자기 자신이 만물에 대해 전부라고 생각한다. 그러나 자연은 우리의 관점에서 판단할 것이 아니라 자연 자체의 입장에서 파악해야 한다.

— 7장 도덕과 교리, 457

블레즈 파스칼 《팡세》

만일 다르다는 것이 비난거리가 된다면, 당신이 옳을지도 모른다. 다양성이 없는 통일은 다른 사람들에게는 무익하고, 통일성이 없는 다양은 우리를 파멸로 이끈다. 전자는 외부 사람들에게 해를 끼치고, 후자는 내부 사람들에게 나쁜 것이다.

−14장. 논쟁적 단상. 892

블레즈 파스칼 ≪팡세≫

블레즈 파스칼과 《팡세》

🎵 시대 상황

16세기 프랑스는 이탈리아와 전쟁을 하였고, 이어 신교와 구교 간의 종교적 갈등이 물리적 충돌로 바뀌면서 1592년 낭트칙령으로 종교전쟁이 끝날 때까지 혼란한 시기를 보냈다. 파스칼이 활동한 17세기의 프랑스는 종교적인 갈등에서 서서히 벗어나는 과정에 있었지만, 유럽의 모든 나라의 이해관계가 얽힌 전쟁이 1648년 베스트팔렌 조약 Peace of Westfalen이 체결될 때까지 국지적인 전투로 계속되었다. 그리고 프랑스의 국내도 내란과 왕위 계승에 따른 분열에 의해 전국이 피폐한 상황이었다.

이러한 혼란 속에 일어난 전염병과 대량학살 등 인간의 참혹함이 그대로 드러난 현실을 접한 사람들은 신의 존재를 의심하게 되고, 회의주의가 득세한다. 이에 대해 르네상스의 정신을 계승한 토머스 홉스와 같은 자유사상가들은 인본주의 정신을 강조하였고, 한편에서는 이성 중심의 근대 합리론자들이라고 불리는 프랑스의 데카르트, 네덜란드의 스피노자, 독일의 라이프니츠 등 뛰어난 철학자들이 다수 활동하였다.

❧ 파스칼의 생애

블레즈 파스칼Blaise Pascal, 1623~1662년은 1623년 프랑스 중부 클레르몽의 법관 집안에서 태어났다. 아버지 에띠엔 파스칼은 세무 공무원으로 수학과 물리학에 뛰어났고, 어머니는 독실한 신앙을 가진 사람이었다. 파스칼이 3세 때 아내가 죽자 독신이 된 에띠엔은 재혼하지 않고 파스칼의 교육에 전념했다. 파스칼이 8세가 되었을 때에는 자녀 교육을 위해 공직을 사임하고 파리로 이사하여, 당대의 유명한 학자들과 교제하며 새로운 학문에 관심을 가졌다.

파스칼은 어린 시절부터 수학에 뛰어난 자질을 보여, 12세에 혼자서 유클리드 정리 중 하나인 '삼각형의 내각의 합은 2직각이다'를 증명했다. 그리고 16세에는 원뿔곡선에 대한 논문인 〈원추곡선론〉을 쓰고, 이듬해에는 '파스칼의 정리'를 증명하였다. 철학자이자 해석기하학의 창시자이기도 한 데카르트는 파스칼보다 28세 연상이었지만 〈원추곡선론〉을 읽고 놀라움을 표했다고 한다. 1639년 파스칼이 17세가 되었을 때 아버지가 르왕이라는 도시에서 세무 관련 사무를 하게 되는데, 파스칼은 단순 계산에 힘들어하는 아버지를 돕기 위해 몇 년간의 연구를 통해 파스칼린pascaline이라는 기계식 컴퓨터를 만들었다. 당시 모두 50개가 제작되었는데, 오늘날에도 일부가 남아 있다.

1648년에는 파스칼이 뛰어난 과학자로 명성을 얻게 되는데, 그 계기가 된 것은 〈진공에 관한 새로운 실험〉이라는 논문이었다. 당시 사람들은 진공은 있을 수 없다는 아리스토텔레스의 주장을 그대로 믿었고, 또 교황청에서도 완벽한 하느님이 빈 공간을 만들어놓지는 않았다고 선언하였기에 그에 반하는 논문을 쓰는 것은 커다란 모험이었다. 그 이후 압력에 관한 연구를 계속하여 1653년에는 "밀폐된 용기 속에 있는 유체의 어느 한 부분에 가해진 압력은 그 유체의 모든 부분과 용기의 안쪽 벽에 똑같은 크기로 전달된다"는 유명한 '파스칼의 원리'를 발견하였다.

파스칼과 그의 가족은 1646년에 그리스도교의 일파인 장세니즘Jansénisme에 귀의하였다. 장세니즘은 인간의 자유의지를 거부하고 철저한 신의 예정조화에 따르는 숙명론을 주장하는 종파였다. 그런데 1654년 11월 23일 밤에 파스칼의 인생을 바꾸는 결정적인 사건이 일어났다. 파스칼이 자기 속에서 '아브라함의 하나님, 이삭의 하나님, 야곱의 하나님'의 목소리를 듣고 평화와 환희에 빠지는 경험을 한 것이다. 이 후 파스칼은 과학적 탐구와 인간에 대한 통찰보다는 신에 대한 열정으로 충만한 삶을 살게 된다.

파스칼이 사람들을 장세니즘으로 개종시키고자 노력하던 때에 장세니즘과 예수회Jesuit 사이에서 논쟁이 일어났다. 파스칼은 여기에 휘말려 1656년부터 편지글 형식으로 논쟁하였는데, 논쟁을 이어간 18편의 편지글을 엮어 ≪시골 사람의 편지Le Provinciales≫라는 제목으로 책을 발간하기도 했다. 훗날 그 책을 읽은 볼테르는 "산문으로 쓴 최고의 글"이라고 극찬했다.

이후 파스칼은 35세에 세속의 모든 것을 버리고 장세니즘의 근거지인 포르 르와얄Port Royal 수도원에 들어가 죽기 전까지 4년간 기독교를 전파하고자 메모 형식의 글을 썼다. 그 글들을 엮은 책이 바로 ≪팡세≫이다.

≪팡세≫와 파스칼의 사상

≪팡세Pensées≫라고 하면 흔히 "인간은 생각하는 갈대", "클레오파트라의 코가 조금만 더 낮았더라면……" 등의 이야기를 떠올리게 되지만, 파스칼이 이 책을 쓴 목적은 기독교의 진리성을 밝혀 기독교를 널리 전파하는 것이었다. 파스칼은 이를 위해 포르 르와알 수도원에서 4년 동안 단상 형식으로 924개의 짧은 글을 썼다. 하지만 파스칼이 39세의 젊은 나이에 요절하였기에 책으로 정리한 것은 누이 질베르트 페리에와 수도원의 동료들이었다. 파스칼이 죽은 후 8년이 지났을 때 유작으로 발표되었을 당시 이 책의 제목은 ≪종교 및 그 밖의 문제들에 관한 파스칼의 사상(팡세)–유고遺稿 속에서≫였다. 이것이 1669년에 발행된 최초의 ≪팡세≫이다.

파스칼은 당시 철학계의 거두인 데카르트의 사상에 대해 비판적이었다. 데카르트는 방법적 회의를 통해 철저한 이성 중심의 사유체계를 구성하였지만, 파스칼은 이성을 초월하는 것神을 인정하지 않으면 이성은 빈약할 뿐이라고 주장했다. 파스칼에 따르면, 인간은 무한대無限大와 무한소無限小 사이에 갇혀 끝없이 방황하는 비참한 존재이며, 동시에 인간은 이 비참함을 인식하고 있기에 위대한 존재이다.

이러한 까닭으로 파스칼은, 스스로를 회의주의자라고 생각하지는 않았지만, 인간의 이성은 궁극적인 삶의 진리에 도달할 수 없다고 믿었으며, 인간의 구원이 오로지 신이 내리는 은총으로만 가능하다고 여기는 운명예정설을 지지했다. 인간은 오로지 기독교 신앙을 통해서만 삶의 궁극적 목표에 도달할 수 있다고 생각한 것이다.

인간을 분석함에 있어 인간 자체뿐만 아니라 인간이 가진 조건을 철저하게 관찰했다는 점에서, 파스칼의 사상은 장자크 루소와 앙리 베르그송에게 많은 영향을 끼쳤으며, 현대의 실존주의와도 맥을 같이한다.

쇼펜하우어는 이 책을 주저인 ≪의지와 표상으로서의 세계≫의 부록으로 집필했는

데, 출간 당시 제목은 ≪소품과 단편집≫이었다. 〈소품〉 부분은 철학에 관련한 지식과

더불어 삶의 지혜를 주는 아포리즘으로 구성되어 있고, 〈부록〉 부분은 여러 주제에 관

한 에세이로 이루어져 있다. 우리나라에서 이 둘을 합쳐 ≪인생론≫으로 번역하기도

하고, 둘을 나누어 〈부록〉을 ≪행복론≫, 〈소품〉을 ≪인생론≫이라고 번역하기도 한다.

아르투르 쇼펜하우어

Arthur Schopenhauer, 1788~1860년

인생론

Parerga und Paralipomena

나는 이 책에서 삶의 지혜라는 것을 일반적인 의미로 다루고자 한다. 즉, 삶의 지혜는 인생을 가능한 한 유쾌하고 행복하게 살아가는 기술이라는 의미이다. 이러한 기술을 가르치는 것이 행복론이다. 그러므로 삶의 지혜는 행복한 삶의 지침이라고 할 수 있다.

　　……나는 이 글을 쓰면서 선배 철학자들의 글을 인용하지 않았다. 다른 사람들의 사상을 정리하는 것이 내 임무가 아니기 때문이다. 또 다른 사람들의 사상을 인용하면 이런 종류의 글의 생명인 견해의 통일성을 잃어버리기 때문이다. 물론 어느 시대든 현자들은 언제나 같은 말을 해왔으며, 그리고 어느 시대든 대부분을 차지하는 어리석은 사람들은 늘 현자의 말과 반대되는 것을 해왔는데, 앞으로도 이런 현상은 변함없이 지속될 것이다. 그래서 볼테르는 이렇게 말했다.

　　"이 세상을 떠날 때, 우리가 태어날 때와 똑같이 어리석고 사악함을 볼 것이다."

– 머리말

아르투르 쇼펜하우어 《인생론》

사람들이 제각각 살아가는 이 세계는 무엇보다 세계에 대한 각자의 견해에 의해 좌우되며, 두뇌의 차이에 따라 달라진다. 사람에 따라 이 세상을 보잘것없고 무의미하게 느끼기도 하고, 풍부하고 재미있고 의미심장하게 보기도 한다.

다른 사람들이 겪은 재미있는 사건을 부러워하는 사람이 많은데, 우리가 정말로 부러워해야 하는 것은 그런 사건에 재미있는 의미를 부여하는 능력이다. 같은 사건을 경험해도 뛰어난 두뇌의 소유자는 무척이나 아름답게 표현하고, 어리석은 두뇌의 소유자는 일상적이고 재미없는 것으로 여긴다. 일상 생활의 체험을 바탕으로 한 괴테와 바이런의 시 작품들에는 이러한 사실이 잘 드러나 있다. 어리석은 사람들은 그들의 황홀한 경험을 부러워하지만, 평범한 소재에서도 그렇게 아름다움을 느끼는 그들의 상상력은 부러워하지 않는다.

— 1부, 1장. 기본적인 분류

연극 무대에서 어떤 사람은 왕, 다른 사람은 고문관, 또 다른 사람은 하인이나 병사 또는 장군 역할을 한다. 이때 그들의 차이는 외적인 차이일 뿐이고, 내적으로는 모두 고통과 괴로움에 시달리는 가련한 희극배우이다. 우리 인생도 마찬가지다. 지위와 부에 따라 각자 다른 역할을 맡기는 하지만, 사람의 행복과 즐거움이 배역과 일치하는 것은 아니다. 한 꺼풀 벗기고 내면을 들여다보면 모두 가련하고 어리석으며, 고통과 괴로움을 가진 자들이다. 사람에 따라 정도에 따라 고통과 괴로움을 다르게 느끼지만, 본질적으로는 모두 같다. 그리고 고통과 괴로움은 사람에 따라 차이가 있지만, 지위나 부에 따라 달라지지는 않는다.

현재 존재하거나 생성되거나 또 변화하는 모든 것들은 직접적으로 인간의 의식 속에 존재하며 이 의식에서 일어나는 것이기에, 의식 자체의 성질, 상태가 무엇보다도 중요하다. 대부분의 경우, 의식 속에 나타나는 사물의 형상이 아니라 의식 그 자체의 상태에 의해 좌우되는 것이다. 예를 들면, 제 아무리 호사롭고 훌륭한 것일지라도 어리석은 자의 아둔한 의식 속에 투영되면, 불편한 감옥에서 ≪돈키호테≫를 쓴 세르반테스의 의식과는 비교할 수 없을 만큼 빈약해진다.

현재와 현실의 반쪽인 객관적인 세계는 운에 달려 있어 변하기 쉽지

아르투르 쇼펜하우어 ≪인생론≫

만, 나머지 반쪽인 주관적인 세계는 우리 자신이기에 본질적으로는 변하지 않는다. 그렇기 때문에 인간의 삶은 외부 변화에도 불구하고 일관성을 가지기에, 인생은 하나의 주제를 가지고 연주하는 변주곡에 비유될 수 있다.

－1부, 1장. 기본적인 분류

잠깐 생각해도 인간의 행복을 위협하는 두 가지 적은 고통과 권태이다. 그리고 이 두 가지 가운데 하나가 어느 정도 멀어지면 그만큼 다른 하나가 가까이 다가오곤 한다. 또는 그 반대의 경우도 있어, 우리의 삶은 이 둘 사이의 중간에서 강하게 또는 약하게 진동하고 있다고 볼 수 있다.

이것은 양극의 접점이 되는 부분, 즉 외적 혹은 객관적인 세계와 내적 혹은 주관적인 세계가 서로 상반관계에 있는 것에 기인한다. 왜냐하면 외적 세계에서는 궁핍과 부족이 고통을 주고, 반대로 안락함과 과잉은 권태를 주기 때문이다. 그러므로 하류층은 궁핍에 따른 끊임없는 고통에 시달리고, 상류층은 권태에 저항하게 된다. 문명의 가장 낮은 단계인 유목 생활은 상류층의 일반화된 관광 여행을 통해 재현된다. 유목 생활은 궁핍에서 시작되었고, 관광 여행은 권태에서 비롯되었다.

－1부, 2장. 인간의 본성에 대하여

아르투르 쇼펜하우어 ≪인생론≫

행복론의 위대한 스승 에피쿠르스는 인간의 욕망을 세 가지로 분류했는데, 명쾌하고 훌륭한 구분이다. 첫 번째는 자연적이고 필수적인 욕구로 먹는 것과 입는 것 등이다. 충족되지 않으면 고통이 일어나지만 쉽게 만족시킬 수 있다. 두 번째는 자연적이지만 필수적이지는 않은 것으로 성적 욕망이다. 이것은 첫 번째 욕망보다는 만족시키기 어렵다. 세 번째는 자연적이지도 필수적이지도 않은 욕구로, 사치 · 방탕 · 부귀영화 등을 바라는 욕구이다. 이것은 끝이 없는 욕망으로 만족시키기 매우 어렵다.

인간의 소유욕에 합리적 한계를 정하는 것은, 불가능하지는 않지만 매우 어려운 문제이다. 소유욕은 절대적인 양이 아닌 상대적인 양, 즉 소유하고자 하는 욕구의 양과 실제 소유하고 있는 양의 관계에서 나오기 때문이다. 현재 소유하고 있는 것만으로 인간의 욕망에 대해 생각하는 것은 분모 없는 분자처럼 아무런 의미가 없다. 만약 어떤 사람이 어떤 사물을 소유하고 싶다는 생각을 하지 않는다면, 그는 그것이 없어도 곤란하지 않고 현재 상황에 만족한다. 반면 그 사람보다 백배나 많이 가진 사람도 자신이 원하는 한 가지를 가지지 못한다면 스스로 불행하다고 생각한다.

이런 점에서 사람들은 자신의 시야에 들어오는 사물의 범위, 즉 욕구의 범위를 갖는다. 그리고 이 범위 내에 있는 어떤 사물을 갖게 될 가능성이 있으면 행복을 느끼지만, 갖기 힘들다고 생각되면 불행을 느낀다. 이 범위 밖에 존재하는 것들은 사람들에게 아무런 영향을 미치지 못한다. 그런 이유로 가난한 사람들은 많은 재산을 가진 부유한 사람들로 인해 괴로워하지 않고, 반면 부유한 사람은 어떤 계획이 실패하여 욕구가 채워지지 않으면 막대한 재산으로도 위로를 받지 못한다. 이떤 이가 말한 것처럼, 부富는 바닷물과 같아서 마시면 마실수록 목이 마르다. 명성도 마찬가지다.

— 1부, 3장. 인간의 물질적 속성에 대하여

사람들은 다른 사람의 마음에 비친 자신의 인상에 대해 지나치게 의식하는 경향이 있다. 이는 인간의 약한 본성 때문이다. 그러나 잠깐만 생각해도, 다른 사람이 나를 어떻게 생각하느냐는 행복에 있어 중요한 것이 아님을 알 수 있다. 그런데도 다른 사람에게 좋은 평가를 받고 허영심이 충족되어 내심 기뻐하는 사람들을 나는 도대체 이해할 수가 없다. 고양이를 쓰다듬어주면 목에서 소리를 내는 것처럼, 인간도 자신이 애착을 가진 분야에서 칭찬받으면 입에 발린 거짓인 줄 알면서도 얼굴이 매우 환하게 밝아진다.

실제로 불행에 빠져 있는 사람이나, 혹은 앞에서 언급한 인간의 행복의 주요한 두 가지 원천('인간의 본성에 대하여'와 '인간의 물질적 속성에 대하여'에서 언급한 원천)이 아무리 보잘것없어도 다른 사람에게 칭찬을 받으면 마음의 위안을 얻는다. 이와 반대로 어떤 의미에서든, 어느 정도로든, 어떤 상황에서든, 자신의 명예가 상처를 받거나 무시를 당하면 심한 모욕감을 느끼고 매우 고통스러워한다. 이것은 참으로 놀라운 일이다.

인간의 이처럼 약한 본성 때문에, 명예나 체면이 도덕성을 대신해 그 사람의 태도에 큰 영향을 미친다. 하지만 이것은 인간 자신의 행복, 특히 행복의 원천인 마음의 평온과 독립성에는 오히려 장애가 되는 경우가 많다. 그러므로 사물의 참된 가치에 대해 숙고하고 올바르게 평가함으로써, 다른 사람의 칭찬이나 상처 주는 말에 민감하게 반응하지 않아야 한다. 이 두 가지는 모두 한 가닥의 실에 달려 있어, 그렇게 하지 않으면 다른 사람의 의견이나 생각의 노예가 되고 만다.

"칭찬을 듣고자 하는 사람은
하찮고 사소한 일에 기가 꺾기기도 하고
 일어서기도 한다." (호라티우스, ≪서간집≫ 중에서)

– 1부, 4장. 인간의 사회적 속성에 대하여

다른 사람의 견해에 지나치게 신경을 쓰는 것이 얼마나 불합리한지, 또 인간의 어리석음이 인간의 본성에 얼마나 깊숙이 뿌리내리고 있는지를 잘 보여주는 예가 있다. 상황이 사람의 성격과 적절하게 일치하여 최상의 예를 만들어낸 경우인데, 다른 사람의 견해에 대한 거부할 수 없는 동기가 얼마나 강한지 엿볼 수 있다.

다음은 1846년 3월 31일자 〈타임스〉에 실린 것으로, 어떤 일에 대한 복수로 자신의 주인을 죽인 토머스 위크스라는 직공이 사형에 처해졌다는 기사 내용 중 일부이다.

사형 집행일 아침, 형무소에 근무하는 신부는 그를 접견했다. 위크스는 차분한 모습이었지만, 신부의 훈계에는 관심을 기울이지 않았다. 그의 유일한 관심은 자신의 수치스러운 마지막을 지켜볼 수많은 대중에게 의연함을 보여주는 것뿐이었다. 그는 이것을 멋지게 성공했다. 감옥 인근에 세워진 교수대로 걸어가는 도중 정원에서 그는 "자, 이제 됐어. 난 도트 박사가 말한 것처럼 위대한 비밀을 알게 될 것이오"라고 말했다.

그는 팔이 묶여 있었지만 아무런 도움을 받지 않고 교수대 사다리를 올라갔다. 교수대에 올라간 뒤에는 좌우로 고개 숙여 군

중에게 인사했다. 이 모습을 본 군중들은 우레와 같은 박수를 보냈다.

이것이야말로 명예욕의 훌륭한 본보기이다. 참으로 무시무시한 죽음과 그 뒤를 따라올 영겁의 시간을 앞에 두고서, 자기 눈앞에 있는 군중에게 줄 인상과 그들의 머리에 남을 생각 외에는 아무것도 신경 쓰지 않는 명예욕 말이다.

－1부. 4. 인간의 사회적 속성에 대하여

만약 모욕을 당하는 것이 치욕이라면, 그것과 같은 이유에서 모욕을 하는 것은 명예가 된다. 예컨대 상대방이 진리와 정의, 이성을 가졌다고 해도, 내가 그를 모욕하면 그는 이 모든 것을 잃게 된다. 그러면 정의와 명예는 내게로 오고, 반대로 상대방은 회복하기 전까지는 명예를 잃게 된다. 그리고 명예는 정의나 이성이 아니라 총과 칼을 사용해야 회복된다. 난폭함이 명예에 관련한 모든 것을 대신하는 압도적인 것이 된다. 가장 난폭한 사람의 말이 정의인 것이다. (이 외에 또 무엇이 있겠는가?)

어떤 사람이 아주 어리석고 무례하고 나쁜 짓을 저질렀다 해도 난폭함으로 모든 것을 지우고 그 행위를 정당화한다. 또 어떤 토론이나 대화를 할 때, 우리를 압도하는 정신적 우월성을 가진 상대라도 우리는 모욕적이거나 난폭한 행동으로 그들의 우월함과 그것에 의해 폭로된 우리의 빈약함을 감추고, 도리어 우리 자신이 우월한 위치에 설 수 있다. 그가 우리보다 더 정확한 전문지식과 진리탐구에 대한 철저하고 깊은 애정을 갖고 있고, 건전한 판단과 더 높은 이해력을 보인다고 해도 말이다. 난폭함은 어떤 논증도 정복하고 모든 정신의 빛을 잃게 만든다.

―1부, 4장. 인간의 사회적 속성에 대하여

"**현자는 쾌락을** 좇지 않고 고통 없는 상태를 추
구한다." ≪니코마코스 윤리학≫에서 자주 언급되는 명제인데, 아리스
토텔레스는 이것이 삶의 지혜에 관한 최고의 원칙이라고 생각한다. 이
명제의 진리는, 쾌락이나 행복은 소극적인 성질의 것이지만 고통은 적
극적인 성질을 가졌다는 데 근거한다. 나는 ≪의지와 표상으로서의 세
계≫에서 이것에 대해 자세히 설명하고 그 근거를 제시하였다. 여기에
서는 매일 관찰되는 사실로 그 명제를 설명할 것이다.

　　전체적으로 건강하지만 몸 어딘가에 조그만 상처가 있거나 통증이
있다고 가정하자. 이럴 경우, 그 사람은 몸 전체가 건강하다는 것은 의식
하지 못하고 작은 고통에만 신경이 쏠려 건강한 생명력의 쾌적한 마음
을 잃어버린다. 모든 일이 순조롭게 잘 진행되더라도 한 가지 일이 잘 진
행되지 않을 경우에도 마찬가지다. 그것이 아무리 보잘것없는 일일지라
도 우리는 언제나 그것을 머릿속에 떠올린다. 끊임없이 그것만 생각하
고 생각대로 잘 진행되는 중요한 일들에는 관심을 두지 않는다.

　　이 두 가지 경우에서 침해받는 것은 의지이다. 앞의 경우에는 육체로
객관화된 의지가 침해를 받고, 뒤의 경우에는 인간의 노력으로 객관화
된 의지가 침해를 받는다. 이처럼 의지의 만족은 언제나 소극적으로만
작용하기에 직접적으로는 거의 느낄 수 없고, 느끼더라도 반성을 통해

서만 의식된다. 이와 달리 의지의 불만족은 적극적인 것이어서 인간의 의식에 즉각적으로 나타난다. 모든 쾌락은 의지의 장애를 받지 않는다. 하지만 장애로부터 벗어나 있는 상태는 오래 지속되지 않는다.

삶의 목표를 쾌락이나 안락함에 두지 말고 삶에서 일어나는 수많은 재난을 멀리 하라고 가르친 아리스토텔레스의 명제는 여기에 근거를 두고 있다. 만일 이것이 잘못된 해석이라면 "행복은 꿈이요, 고통은 현실이다"라는 볼테르의 말도 잘못된 것이 된다. 하지만 이 말도 진리이다.

행복론적인 관점에서 삶을 결산하려는 사람은, 자신이 즐긴 기쁨이 아니라 자신이 벗어난 재난으로 계산을 해야 한다. 더욱이 행복론이라는 명칭 자체가 미화된 것으로, "행복하게 산다"는 말이 의미하는 것은 불행이 적은 상태, 즉 견딜 만한 정도로 산다는 의미로 이해해야 한다.

－1부, 5장. 훈화와 격언

어떤 사람이 행복한 정도를 측정하려고 한다면, 그가 무엇에 만족하는가가 아니라 무엇이 그를 슬프게 하는지를 살펴보아야 한다. 그 사람을 슬프게 하는 것이 사소한 것일수록 그 사람은 행복한 상태일 것이기 때문이다. 행복한 상태일 때는 사소한 것에도 민감하지만, 불행한 상태일 때는 사소한 슬픔은 전혀 느끼지 못한다.

— 1부, 5장. 훈화와 격언

아르투르 쇼펜하우어 ≪인생론≫

건축 공사장에서 일하는 평범한 노동자는 그 건물의 전체 계획을 알지 못하거나 혹은 그 건물 대해 계속해서 마음에 두지는 않는다. 마찬가지로 인간은 매일 매시간 살아가면서 자신의 전체 인생행로나 삶의 자세에 대해 깊이 생각하지 않는다. 하지만 인생행로가 가치 있고 의미 있으며 계획성 있고 개성이 있을수록, 인생의 축소판인 설계도를 검토하는 것이 필요하고 도움이 된다.

　　이때 무엇보다 먼저 고려해야 하는 것은 "너 자신은 알라"라는 말이다. 즉, 자신이 가장 원하는 것이 무엇인지 아는 것, 다시 말하면 자신의 행복에서 가장 본질적인 것이 무엇인지, 그리고 두 번째, 세 번째로 원하는 것이 무엇인지 아는 것이다. 또한 세상 전체에서 봤을 때 자신의 직업과 역할, 자신과 세계와의 관계를 인식할 필요가 있다. 세계와 자신과의 관계를 알고 세계에서 자신의 역할이 아주 중요하고 의의가 있다는 것을 알게 되면, 인생행로의 설계도를 축소판으로 만들어 바라보는 것이 기운을 북돋우고 격려가 되며 행동을 고무시켜 나쁜 길로 빠져드는 것을 막아줄 것이다.

　　나그네는 높은 곳에 올라섰을 때야 비로소 돌고 돌아 걸어온 굽은 길을 전체적으로 바라보면서 인생행로를 인식하게 된다. 우리 인생도 마찬가지다. 한 시기가 끝날 즈음이나 인생의 끝에 이르러서야 비로소 우

아르투르 쇼펜하우어 ≪인생론≫

리의 행위나 업적, 역작의 전체적인 관계와 그 자세한 결과의 연관관계, 그리고 그것들의 가치까지 인식할 수 있다. 어떤 일을 하는 동안에는 그 일을 하게 된 동기의 영향을 받아 언제나 이미 정해진 자신의 개성과 능력에 따라 행동할 뿐이다. 따라서 이 모든 것은 필연성에 따라 이루어지는 것이다. 다시 말해, 우리가 매순간 가장 타당하고 적절하다고 생각하는 것을 행하는 것에 지나지 않는다.

－1부, 5장. 훈화와 격언

삶의 지혜가 중요한 까닭 가운데 하나는, 우리가 일부는 현재에, 일부는 미래에 쏟고 있는 관심의 비율을 어느 한편이 다른 한편을 해치지 않도록 적절하게 조절한다는 것이다. 많은 사람들이 오로지 현재 속에서만 사는데, 이는 경솔한 일이다. 또 어떤 사람들은 미래에 치우쳐 사는데, 이는 소심하고 걱정이 많은 경우다. 이 양쪽의 비율을 적절하게 유지하는 사람은 극히 드물다.

미래 속에 사는 사람들은 끊임없이 앞을 바라보며 다양한 희망을 품고 노력하며 산다. 무엇보다 미래에 속한 일만이 진정한 행복을 가져다줄 것으로 믿어 조바심을 내며 서두른다. 현재는 거들떠보지도 않고 지나쳐버린다. 그런 사람들은 나이에 어울리지 않게 아주 노련한 척 표정을 짓지만, 사실 그들은 이탈리아의 노새에 비유할 수 있다.

이탈리아에서는 노새의 목에 나무 막대를 묶어 노새의 눈에 늘 보이도록 건초 한 다발을 매달아 둔다. 그러면 노새는 그것을 먹을 욕심에 걸음을 재촉한다. 하지만 당장이라도 입이 닿을 것 같은 건초더미는 언제나 눈앞에 있을 뿐이다. 이탈리아 노새들처럼 미래 속에 사는 사람들은 죽을 때까지 눈앞의 일에만 끌려가는 임시적인 삶을 살면서 스스로를 속이며, 일생을 그르치게 된다. 미래를 위한 계획과 걱정에만 매달리거나 과거에 대한 동경에 빠지지는 것은 어리석은 일이다. 현재만이 유일

아르투르 쇼펜하우어 《인생론》

한 현실이고 확실한 것임을 명심해야 한다.

미래는 우리가 생각하는 것과는 다르게 전개된다는 사실, 심지어 과거도 우리가 생각하는 것과는 달랐다는 사실, 그리고 미래와 과거 모두 전체적으로 보면 겉보기와는 달리 그다지 대단한 것이 아니라는 사실을 결코 잊지 말아야 한다. 멀리 있는 사물들은 눈으로 보면 작아 보이지만, 생각 속에서 보면 크게 보이는 법이다. 현재만이 진실하고 현실적이다. 현재는 현실적으로 충만한 시간이고, 우리의 삶은 오로지 현실에만 있다. 따라서 우리는 현재를 언제나 밝은 기분으로 보내야 한다.

－1부, 5장. 훈화와 교훈

모든 부분에서 범위를 제한하는 것은 우리에게 행복을 가져다준다. 우리가 바라보는 범위, 활동하고 접촉하는 범위가 좁을수록 우리는 그만큼 행복해진다. 그 범위가 확대되면, 그만큼 불안과 욕망 그리고 두려움이 커지기 때문이다. 그러므로 장님도 우리가 생각하는 만큼 불행하지는 않다. 그들의 얼굴 표정이 부드럽고 밝으면서도 고요한 것이 그 증거다. 또 인생의 후반이 전반보다 더 슬픈 것도 같은 이유에서이다. 나이 듦에 따라 욕망은 커지고 교제 범위는 넓어지기 때문이다.

　　……정신적 제한을 비롯한 모든 제한이 우리를 행복하게 만드는 것은, 그렇게 하는 것이 의지를 적게 자극하기 때문이다. 의지가 적게 자극받을수록 고통도 그만큼 줄어든다. 또 고통은 적극적이지만 행복은 소극적이기 때문이기도 하다. 활동 범위를 제한하면 그만큼 의지를 자극하는 외적 원인이 줄어들고, 정신을 제한하면 그만큼 의지를 자극하는 내적 원인이 줄어든다.

—1부, 5장. 훈화와 교훈

아르투르 쇼펜하우어 ≪인생론≫

이미 발생하여 더 이상 어쩔 수 없는 불행한 사건에 대해서는 미련을 버려야 한다. 이렇게 진행되지 않을 수도 있었을 텐데, 어떻게든 일이 일어나기 전에 막을 수도 있었을 텐데 등의 생각은 하지 말아야 한다. 그런 생각은 고통을 한없이 키워 스스로를 괴롭힐 뿐이다. 그보다는 다윗 왕처럼 하는 것이 좋을 것이다. 다윗 왕은 아들이 병상에 있는 동안에는 쉬지 않고 여호와에게 애원하고 간청하는 기도를 하였지만, 일단 죽은 뒤에는 아들의 죽음을 가볍게 무시하고 더 이상 생각하지 않았다고 한다. 만약 그렇게 가볍게 생각하는 것이 어렵다면, 어떤 일이 일어나는 것은 필연적인 것이기에 막을 방법이 없다는 위대한 진리를 인정하며 숙명론적 입장을 취하는 것이 좋다.

하지만 이것은 한 측면만 고려한 것에 불과하다. 숙명론적 입장은 불행한 일이 일어났을 때 우리 마음을 가볍게 하고 진정시키는 데 도움이 된다. 그러나 대부분의 불행한 사건에서 부분적이나마 우리 자신의 태만이나 어리석음이 원인이 되었다면, 이 불행을 피할 방법은 없었을까를 생각하며 괴로워하는 것은 우리에게 교훈을 주고 개선에 도움이 된다. 미래를 위해 유익한 자기 징계가 되는 것이다. 더욱이 명백한 자신의 실수에 대해 변명하거나 미화하거나 하찮은 것으로 처리해서는 안된다. 그보다는 깨끗이 잘못을 인정하고, 있는 그대로 파악하여 앞으로는 그러한 실수를 하지 않겠다고 굳은 결심을 해야 할 것이다. 이럴 경우에는 자기 스스로에 대해 불만을 가지는 큰 괴로움을 당하겠지만, "징계없는 교육은 없다." (괴테)

—1부, 5장. 훈화와 교훈

중요한 문제를 깊이 생각하기에는 아침 시간이 좋다. 일반적으로 아침은 정신적인 일이나 육체적인 일 모두를 하기에 적합하다. 아침은 하루 중에 청년기에 해당하고, 모든 것이 명랑하고 신선하며 경쾌하다. 아침에는 기운이 넘치고, 자신의 모든 능력을 발휘할 준비가 되어 있다. 따라서 늦잠을 자서 아침 시간을 낭비하거나 보잘것없는 일이나 잡담으로 헛되이 보내지 말아야 한다. 우리는 아침을 삶의 정수라고 생각하고 신성하게 다루어야 한다.

밤은 반대로 하루 중에 노년기에 해당한다. 밤이 되면 우리는 피곤해지고, 말이 많아지고 경솔해진다. 하루하루가 각각의 작은 인생인 것이다. 매일 아침 일어나는 것은 작은 탄생이고, 상쾌한 아침 시간은 작은 청년기이며, 잠이 드는 것은 작은 죽음이다.

－1부, 5장. 훈화와 교훈

사람은 자신이 가지지 않은 것을 보면, '이것이 내 것이라면 얼마나 좋을까?'라고 생각하며 아쉬워한다. 그래서 가끔 '만약 이것이 내 것이 아니라면 어떨까?'라고 질문을 던져보는 것도 좋다. 자신이 가진 것을 잃어버리고 나면 어떨지도 생각해봐야 하기 때문이다. 여기서 내가 가진 것이란, 재산, 건강, 연인, 배우자, 자식, 말, 개 등 모든 것을 포함한다. 이런 것들은 잃어버린 후에야 그 진정한 가치를 알게 된다.

이와 같은 방식으로 사물을 바라보면, 첫째로 우리가 소유하고 있다는 사실이 이전보다 훨씬 더 행복하게 느껴지고, 둘째로 우리가 소유하고 있는 것을 잃어버리지 않도록 노력하게 된다. 다시 말하면, 재산을 위험하게 관리하지 않고, 친구를 화나게 하지 않고, 아내의 정숙함을 시험하지 않을 것이며, 아이들의 건강에 관심을 가지게 되는 것이다.

—1부, 5장. 훈화와 교훈

다른 사람의 의견에 반대 의견을 내놓지 않는 것이 좋다. 사람들이 믿고 있는 불합리한 것들을 낱낱이 설명해서 고치려 한다면 므두셀라^{구약성경 창세기에 나오는 인물로, 969세까지 살았다.}만큼 오래 살아도 충분하지 않을 것이다. 또 다른 사람과 대화를 나눌 때 아무리 호의에서라고 해도 남의 잘못을 고치려는 말은 삼가야 한다. 사람의 감정을 해치기는 쉽지만 잘못을 바로 잡는 것은 매우 어렵기 때문이다.

어리석고 불합리한 대화를 듣고 화가 나는 경우라도, 익살맞은 두 광대가 벌이는 희극의 한 장면이라고 생각해야 한다. 이는 이미 검증된 것이다. 가장 중요한 것에 대해 진지하게 가르치려고 이 세상에 온 자가 상처 없이 떠날 수 있으면 운이 좋은 경우인 것이다.

―1부, 5장. 훈화와 교훈

아르투르 쇼펜하우어 ≪인생론≫

언제나 시간의 흐름과 사물의 덧없음을 염두에 두고, 현재 일어나고 있는 모든 일들의 반대 상황을 상상해보는 것이 바람직하다. 즉 행복에는 불행을, 우정에는 적의를, 맑은 날씨에는 흐린 날씨를, 사랑에는 미움을, 신뢰에는 배신과 후회를 그려보는 것이다. 그 반대의 경우에도 마찬가지다. 이렇게 하면 항상 사려 깊은 행동을 하고 쉽사리 기만당하지 않으며, 세상을 살아가는 참된 지혜의 원천을 얻게 된다. 이렇게 했을 때, 우리는 대체로 시간의 작용을 예견할 수 있다.

－1부, 5장. 훈화와 교훈

"**자신의 나이에** 알맞은 예지^{理智}를 갖추지 못한 사람은, 그 나이에 상응하는 온갖 불행을 면치 못한다."

볼테르가 남긴 이 명언대로, 행복에 관한 고찰의 마지막으로 나이에 따른 사람의 변화에 대해 살펴보는 것도 의미 있겠다.

인간의 일생에는 언제나 현재만 있을 뿐이다. 그러나 같은 현재임에도 나이를 먹어감에 따라 차이가 나는데, 생애의 처음에는 긴 미래가 눈앞에 펼쳐져 있었지만 후반부가 되면 우리가 살아온 긴 과거가 눈에 들어오게 된다. 또한 성격은 변하지 않지만 기질은 많이 변해 우리의 현재 모습도 달라진다.

나의 주저 ≪의지와 표상으로서의 세계≫ 제2권 31장에서 나는 유년기에는 세상에 대해 의욕적인 태도보다는 인식적인 태도를 취한다는 사실을 밝히고자 노력하였다. 우리의 일생 중 처음 4분의 1이 가장 행복한 시기인 이유도 이런 사실에서 비롯된다. 이런 까닭으로 나이 듦에 따라 이 시기를 잃어버린 낙원처럼 생각하는 것이다.

― 1부, 6장. 나이에 대하여

아르투르 쇼펜하우어 ≪인생론≫

인생의 전반기인 청년기가 행복에 대한 충족되지 않는 동경이라면, 인생의 후반기인 장년기는 불행에 대한 두려움이다. 인생의 후반기에 접어들면, 정도의 차이는 있으나 누구나 행복은 환영이고 고통은 현실이라는 사실을 깨닫게 된다. 그러므로 이성적인 사람이라면 나이가 들어 늙어갈수록 행복을 추구하기보다는 걱정이나 근심이 없는 생활을 원한다. 젊었을 때 대문소리가 나면 '무슨 좋은 일이 있을까?' 하며 좋아했지만, 나이가 든 후에는 '무슨 귀찮은 일이 일어날까?'라고 두려운 마음이 생기는 것이다.

－1부, 6장. 나이에 대하여

점성술에서는 개개인의 인생행로가 별들 속
에 정해져 있다고 주장하지만, 사실 그렇지는 않다. 하지만 인생행로 전
체를 두고 말한다면, 각 연령에 따라 각 행성들이 차례대로 대응하고 인
간의 삶은 그에 지배당하고 있기에 인간의 전체 인생행로는 별들 속에
미리 정해져 있다고 할 수 있다.

10대에는 수성^{Mercury, 목축의 신, 신들의 사자}의 지배를 받는다. 이때의
아이들은 수성처럼 좁은 지역 내에서 빠르고 경쾌하게 움직인다. 사소
한 일에 쉽게 마음이 흔들리고, 꾀와 변론의 신에 지배를 받아 많은 것을
쉽게 배운다. 20대에는 금성^{Venus, 사랑의 여신}의 지배가 시작된다. 그리
므로 사랑과 여자가 20대를 소유한다. 30대에는 화성^{Mars, 전쟁의 신}이 지
배한다. 30대의 사람은 열정적이고 강력하고 전투적이며 반항적이다.

40대에는 네 개의 작은 소행성이 지배한다. 그래서 40대는 생활의 폭
이 넓어진다. 케레스^{Ceres, 농업의 신}의 힘을 받아 생산적인 일과 유익한
봉사를 하게 된다. 또한 베스타^{Vesta, 화덕의 신}의 힘을 받아 자신의 가정
을 꾸리고, 팔라스^{Pallas, 지혜의 신}의 힘을 빌려 필요한 지식을 배운다. 그
리고 집안의 여주인인 아내가 유노^{Juno, 주피터의 아내}의 힘을 받아 가정을
지배한다.

그리고 50대가 되면 목성^{Jupiter, 로마 신화에서 으뜸인 신}이 지배한다. 50

아르투르 쇼펜하우어 《인생론》

대의 사람들은 대부분의 사람들보다 오래 살았기에, 다른 세대의 사람들보다는 자신이 뛰어나다는 것을 자각한다. 여전히 자신의 역량을 발휘할 수 있고 경험과 지식이 풍부하며, 처한 상황에 따라 다르지만 대체로 권위를 가지고 있다. 그러므로 명령을 받는 것이 아니라 직접 명령하려 한다. 자기 영역의 지도자나 지배자가 되기에 가장 적합한 시기이다. 이렇게 50대는 목성과 함께 인생의 정점에 도달한다.

그러나 60대에는 토성^{Saturn, 농경의 신, 납을 의미한다.}의 지배를 받게 되어 납덩어리와 같이 묵직하고 느긋함과 집요함이 나타난다.

마지막으로 우리를 지배하는 것은 천왕성^{Uranus, 하늘의 신}이다. 이때는 그 이름대로 하늘로 올라간다.

—1부, 6장. 나이에 대하여

모든 사물이 덧없으며 허무하고 꿈과 같다는 것을 의식하면 할수록 자신의 내적 본질의 영원성을 의식하게 된다. 인간의 내적 본질은 그 자체로는 인식되지 않으며, 단지 인식할 수 있는 사물의 속성을 통해 인식하게 된다. 예컨대, 타고 있는 배의 움직임 자체는 보지 못하지만 움직이는 해안을 보며 배가 빠르게 움직인다는 것을 알게 되는 것과 같은 원리이다.

— 2부, 1장. 죽음으로도 소멸되지 않는 인간의 참된 본질에 대하여

아르투르 쇼펜하우어 ≪인생론≫

우리는 고통이 있다는 것은 느끼지만 고통이 없는 상태는 느끼지 못하고, 걱정이 있는 것은 느끼지만 걱정이 없는 상태는 느끼지 못하며, 두려움이 있는 것은 느끼지만 안전한 것은 느끼지 못한다. 목마름을 느끼듯이 욕구와 소망을 감지하지만, 원하던 것을 실제로 소유하는 순간 그 매력은 갑자기 사라져버린다. 마치 입안의 음식물을 목구멍으로 삼키는 순간 아무런 맛도 느끼지 못하게 되는 것과 같다.

　인생의 3대 선(善)인 건강과 청춘과 자유도 소유하고 있을 때는 전혀 소중함을 느끼지 못하다가 잃은 뒤에서야 비로소 알게 된다. 이 세 가지도 소극적인 선이기 때문이다. 행복한 시간을 보낼 때에는 그 행복을 별로 의식하지 못하다가, 그것이 과거의 일이 되고 불행이 찾아오면 그때서야 행복했음을 알게 된다. 또 쾌락은 누릴수록 그것을 느끼는 강도가 약해지고, 어떤 쾌락이라도 익숙해지면 아무런 감흥을 주지 못하고 오히려 고통에 더욱 더 민감해지게 만든다. 습관화된 쾌락이 제거되면 남는 것은 괴로움뿐이다.

－2부, 2장. 삶의 허무에 대하여

한 번 존재했던 것은 현재 존재하지 않으며, 전혀 존재한 적이 없는 것도 마찬가지로 현재에 존재하지 않는다. 현재에 존재하는 모든 것들은 다음 순간 이미 존재했던 것이 된다. 그러므로 현실이라는 점에서는 아무리 하찮은 현재일지라도 가장 의미가 있었던 과거보다 낫고, 비록 보잘것없는 것일지라도 아무것도 없는 것보다 낫다.

수억 년의 시간이 지나서야 비로소 인류는 지금 이곳에 존재하며, 다시 시간이 흐르면 영겁의 시간 속에 흡수되어 소멸될 것이라는 사실을 생각하면 대단히 놀랍다. 그러나 우리는 그렇지는 않을 것이라고 생각한다. 아무리 얕은 지성을 지닌 사람일지라도 이런 고찰에서 시간이라는 것이 관념상으로만 존재한다는 것을 느낄 것이다. 일반적으로 시간은 공간과 더불어 모든 형이상학의 근거이다. 시간과 공간의 관념을 알게 되면, 자연 그 자체의 세계와는 전혀 다른 사물의 질서를 설명할 수 있다. 칸트가 위대한 것도 이 때문이다.

이 세계에서 일어나는 온갖 사건에 있어 '있다'는 단지 순간적일 뿐이고, 다음 순간부터는 영원히 '있었다'가 된다. 그러므로 우리는 저녁이 올 때마다 그 하루만큼 점점 더 빈곤해진다. 우리의 본질 깊숙한 곳에 숨어 있는, '인간에게는 절대로 멈추지 않는 영원한 샘물이 있어 이 샘에서 삶을 위한 시간이 무한히 솟아난다'는 의식이 없다면, 우리는 짧은 일생이 순식간에 흘러가는 데 비통해했을 것이다.

　이런 고찰을 통해 얻을 수 있는 가장 현명한 지혜는, 최대한 현재를 즐기고 그것을 인생의 목적으로 삼는 것이다. 오직 현재만이 실재하고, 그 밖의 모든 것은 단지 표상表象에 불과하기 때문이다. 그러나 이러한 생각은 가장 나쁜 방법이라도 할 수 있다. 왜냐하면 바로 다음 순간에 존재하지 않는 것이 되어 꿈처럼 모든 것이 사라질 것이고, 따라서 절대로 추구할 가치가 없기 때문이다.

－2부, 2장. 삶의 허무에 대하여

우리의 인생은 현미경으로 들여다봐야 할 정도로 미세한 점에 불과하다. 그런데 우리는 그 인생을 시간과 공간이라는 도수 높은 렌즈로 확대해서 살펴보고 있다. 시간은 우리의 두뇌 속에 있는 사고의 틀로, 사물과 우리 자신이라는 공허한 존재가 지속하는 실재라는 가상을 가지게 한다.

　　과거에 이러저러한 행복과 쾌락의 기회를 놓쳐버렸다고 한탄하는 것은 가장 어리석은 짓이다. 비록 그 기회를 잡았다 하더라도 지금 무엇이 남았겠는가? 남았다 한들 그것은 한낱 기억 속의 추억에 지나지 않는다. 우리에게 주어지는 것은 대부분 이렇게 부질없는 것이다. 그러므로 시간이라는 형식 그 자체는 우리에게 세상에서의 모든 쾌락이 허무하다는 것을 가르쳐주는 수단인 것이다.

－2부, 2장. 삶의 허무에 대하여

만약 고뇌가 인생의 가장 근접하고 직접적인 목
적이 아니라면, 우리 인생은 이 세상의 목적에 맞지 않는 것이다. 고통은
이 세상 어디에나 가득하며 우리 삶과 불가분의 관계를 맺고 끊임없이
이어진다. 또 필요에 의해 수많은 고통이 생겨난다. 이 같은 고통이 아
무 목적 없이 단순한 우연에 의해 일어난다는 것은 이치에 어긋난다. 고
통을 느끼는 것은, 감각은 무한하지만 행복을 느끼는 감각은 좁은 틀 안
에 한정되어 있기 때문이다. 그리고 각각 예외적으로 보이는 모든 개별
적인 불행은 전체로 보면 규칙적이다.

－2부, 3장. 고뇌에 대하여

어떤 불행이나 괴로움을 겪을 때 가장 쉽게 위안을 얻는 방법은 자기보다 더 불행한 상황에 처해 있는 사람을 생각하는 것이다. 이렇게 위로를 받는 것은 누구나 할 수 있다. 하지만 이런 방식으로 위로받으며 산다면 인류 전체는 어떤 모습이 될까?

　　우리는 도축업자가 잡아 죽이기 위해 고르고 있는 줄도 모른 채 들판에 뛰어노는 어린 양들과 같다. 즐거운 한때를 보내고 있지만, 그 순간에도 운명이 어떤 재앙을 준비하고 있는지도 모른다. 질병, 박해, 빈곤, 불구, 실명, 발광, 죽음 등등을 말이다.

　　역사는 여러 민족의 삶을 보여주기는 하지만, 전쟁이나 반란 이외의 이야기는 거의 없다. 평화로운 시기는 짧은 휴식과 같이 잠시 나타날 뿐이다. 개인의 삶도 마찬가지여서 끊임없는 투쟁의 연속이다. 빈곤이나 권태와의 투쟁일 뿐만 아니라 다른 사람과의 투쟁이기도 하다. 인간은 어느 곳에서든 자신의 적을 발견하고 끊임없이 투쟁하다가 무기를 든 채로 죽어간다.

－2부, 3장. 고뇌에 대하여

아르투르 쇼펜하우어 《인생론》

어렸을 때, 미래의 인생행로를 앞둔 우리의 모습
은 무대의 막이 오르기 전에 무엇이 나올지 기대하며 기다리는 아이들
과 같다. 무엇이 등장할지 아무도 모른다는 것은 다행스러운 일이다. 그
것을 아는 사람이 이 상황을 본다면, 그 아이들은 아무런 죄가 없는 피고
와 같을 것이다. 사형선고가 아닌 살아야만 하는 선고를 받았지만, 그 판
결의 내용은 아직 모르고 있는 것이다. 사람은 모두 오래 살기를 원하지
만 삶의 과정은 우리 기대와는 다르게 흘러간다.

　'오늘은 상황이 아주 좋지 않다. 또 나날이 나빠지다가 마지막에는 최
후의 상황이 올 것이다.'

- 2부, 3장. 고뇌에 대하여

계속 살아야 한다는 것에 대한 두려움이 오히려 죽음의 공포를 넘어서는 단계에 이를 때, 스스로 목숨을 끊는 사람을 종종 보게 된다. 하지만 죽음의 공포가 지니는 저항력 역시 강력하다. 마치 문을 지키고 서 있는 문지기와 같다. 생명의 마지막 순간이 지극히 소극적이어서 급작스럽게 삶을 멈출 수 있다면, 사람은 누구나 자신의 생명을 버렸을 것이고 살아 있는 사람은 아무도 없을 것이다. 그러나 생명의 마지막 순간에는 적극적인 것이 있다. 바로 육체의 파멸이다. 사람에 있어 육체는 살려는 의지가 드러나는 현상이기에, 육체의 파멸이 사람들을 두렵게 하고 공포에 떨게 만든다.

— 2부. 4장. 자살에 대하여

아르투르 쇼펜하우어 ≪인생론≫

자살은 일종의 실험이라 할 수 있다. 인간이 자연에게 질문하고 그에 대한 답변을 강요하는 것이다. 다시 말해, 죽음에 의해 인간 존재 자체와 인식이 어떻게 변화하는지를 알아보려는 실험이다. 그러나 그것은 어리석은 실험이다. 이 실험은 질문하고 그 답변을 들어야 할 의식의 동일성마저 파괴해버리기 때문이다.

− 2부, 4장. 자살에 대하여

사물을 보다 깊이 생각하는 사람은 다음의 사실을 깨닫게 된다. 인간의 욕망이 제각각 다양하게 표출되다가 우연히 서로 충돌하여, 한쪽은 재난을 입고 다른 쪽은 해악을 끼쳐 비로소 죄가 시작되는 것이 아니다. 오히려 인간의 욕망은 이미 본질적으로 죄가 되는 것이어서 배척받아야 한다. 삶을 향한 의지 자체가 배척받아야만 하는 것이다.

또 이 세상에 가득한 공포와 비참함은 인간의 성격에서 근거하는 필연적 결과이다. 이러한 성격에 따라 삶을 향한 의지는 인과율의 끊임없는 연쇄로 나타나며, 그 성격에 동기를 제공하는 상황에서 객관화되어 나타난다. 그러므로 온갖 공포와 비참함은 삶을 향한 의지를 긍정하는 단순한 주석에 불과하다. 우리의 생존 그 자체가 죄를 담고 있다는 것은 죽음이 증명하고 있다.

－2부, 5장. 삶의 의지에 대하여

철학은 하나의 학문이기에 '무엇을 믿어야 하는가'와는 관련이 없고, 다만 '무엇을 알 수 있는가'와만 관련이 있다. 그렇다면 철학은 신앙에 나쁜 영향을 끼치지 않을 것이다. 왜냐하면 신앙이 우리가 알 수 없는 그 무엇을 가르쳐도 아무런 문제가 되지 않기 때문이다. 우리가 신앙이 가르치는 사실들을 알 수 있다면, 예컨대 수학에서처럼 신앙의 이론을 세우는 것이 가능해지면, 신앙은 하찮고 쓸모없는 것이 될 것이다.

하지만 신앙이 철학보다 더 많이 가르칠 수는 있으나, 철학의 결론에 맞서는 것은 가르칠 수 없다. 지식은 신앙보다 더 확고한 것이어서 둘이 맞부딪힌다면 신앙은 붕괴되고 말 것이기 때문이다. 따라서 서로 근본적으로 다른 철학과 신앙은 서로를 위해 엄격하게 분리되어 각자의 길을 가야 한다.

— 2부, 6장. 종교에 대하여

많은 양의 독서와 공부가 혼자 스스로 생각하는 것을 방해하듯이, 많은 양의 글쓰기나 가르침은 지식과 이해의 깊이를 떨어뜨려 명철함을 흐리게 한다. 명확성과 명철함에 이르는 시간을 부족하게 만들기 때문이다. 그래서 학자들은 명철한 인식의 부족으로 강의 시간에 공백이 생기면 화려한 말솜씨로 채우려 한다. 대부분의 책이 지루한 것은 그 때문이지 주제가 무미건조해서가 아니다. 훌륭한 요리사라면 낡은 구두의 밑창을 가지고도 맛있는 요리를 만들듯이, 훌륭한 저술가라면 무미건조한 주제로도 재미있게 쓸 수 있어야 한다.

— 2부. 7장. 학자에 대하여

아르투르 쇼펜하우어 《인생론》

학문을 목적이 아니라 수단으로 생각하는 학자
들이 많다. 그들이 큰 업적을 이루지 못하는 것은 이 때문이다. 학문의
영역에서 위대한 업적을 이루려면 학문하는 것이 목적이 되어야 하고,
그 이외의 모든 것은, 심지어 생존 그 자체도 한낱 수단이어야 한다. 어
떤 일일지라도 그 자체를 위해 하지 않으면 불완전하기 마련이다. 어떤
종류의 일도 다른 목적의 달성을 위한 수단이 아니라, 그 자체를 위해 할
때 뛰어난 결과물을 얻을 수 있다.

　　마찬가지 이유로, 다른 사람의 인식은 무시하고 오로지 자신만의 독
자적인 인식을 얻는 것을 연구의 목적으로 삼는 사람만이 새롭고 위대
하며 근본적인 통찰에 도달한다. 하지만 대부분의 학자들은 가르치고
책을 쓰기 위해 연구를 한다. 그러므로 그들의 머리는 먹은 음식물을 소
화되지 않은 상태로 배설하는 위나 장과 같다. 그런 이유로 그들의 가르
침이나 책도 다른 사람들에게 큰 도움이 되지 못한다. 다른 사람들에게
유익한 양분은 소화되지 않은 배설물이 아니라 자신에게 분비된 젖뿐이
기 때문이다.

－ 2부. 7장. 학자에 대하여

장서藏書가 아무리 많아도 잘 정리되지 않은 도서관은, 비록 책이 많지 않아도 분류가 잘된 서가만큼 도움이 되지 않는다. 아무리 많은 양의 지식이라도 자기 스스로 철저하게 숙고하지 않은 지식이라면, 비록 적은 양이지만 다양한 측면에서 숙고한 지식보다 가치가 없다. 왜냐하면 우리는 알고 있는 지식을 다양한 측면으로 조합하고 하나의 진리를 다른 진리들과 비교해보는 과정에서 자신의 지식이 내재화되며, 마음대로 사용할 수 있기 때문이다.

　　철저히 숙고할 수 있는 것은 우리가 알고 있는 것에 한정된다. 따라서 우리는 알기 위해서 무엇인가를 배워야 한다. 그러나 철저하게 숙고한 것만이 정말로 안다고 할 수 있다.

─2부, 8장. 사색에 대하여

아르투르 쇼펜하우어 ≪인생론≫

독서란 자기 스스로 생각하지 않고 다른 사람이
대신 생각해주는 것이다. 다시 말해, 독서란 저자의 생각이 진행되는 과
정을 뒤따라가는 것에 불과하다. 이것은 아이들이 글자를 배울 때 선생
님이 연필로 써준 자국을 펜으로 따라가는 것과 별반 다르지 않다.

　책을 읽으면 깊이 있는 생각은 하지 않게 된다. 자신의 사색을 그만두
고 독서를 하면 마음이 한결 가벼워지는 이유는 바로 이 때문이다. 그러
나 독서하는 동안 우리의 두뇌는 다른 사람의 사고 훈련장에 있는 것에
불과하다. 그러므로 비록 많은 책을 읽지만 하루 종일 독서에 매달려 다
른 생각은 하지 못하는 사람은, 점차 스스로 생각하는 능력을 잃게 된다.
그것은 언제나 말을 타고 다니는 사람이 점차로 걸어 다니는 것을 잊어
버리는 것과 비슷한데, 많은 학자들이 이러하다.

– 2부, 10장. 독서에 대하여

추운 겨울날 고슴도치들은 얼어 죽지 않기 위해 서로 몸을 맞대어 한 덩어리가 되었다. 그러자 가시가 서로를 찔렀다. 그들은 서로 멀리 떨어졌다. 그러나 다시 추위가 몰려왔고, 그들은 견딜 수 없어 다시 몸을 맞대어 한 덩어리로 뭉쳤다. 또다시 가시가 서로를 찔렀다. 그들은 다시 멀어졌다. 이렇게 열악한 상황을 번갈아 경험하다가, 고슴도치들은 마침내 서로의 가시를 견딜 만한 적당한 거리를 발견하게 되었다.

　　인생의 공허감과 단조로움에서 일어나는 사회 교류의 욕구는 인간을 한 덩어리가 되게 한다. 그러나 불쾌감과 반항심으로 서로 멀어진다. 그러다가 마침내 서로 견딜 만한 적당한 거리를 발견하는데, 그것이 정중함과 예의이다. 그러므로 그것을 지키지 않는 사람은 '적당한 거리를 유지하라'는 말을 듣게 된다. 그 결과 따뜻함에 대한 욕망은 채워지지 않지만 가시에 찔리는 상황은 피하게 되었다.

　　그러나 내적으로 강한 따뜻함을 지닌 사람은 다른 사람에게 고통과 괴로움을 주거나, 다른 사람으로부터 고통과 괴로움을 받지 않기 위해 사회에서 멀리 떨어져 살기를 원한다.

— 2권, 13장. 비유와 우화

아르투르 쇼펜하우어와 ≪인생론≫

생애

쇼펜하우어Arthur Schopenhauer, 1788~1860년는 독일의 단치히Danzig, 오늘날의 폴란드 그단스크에서 1788년 2월에 태어났다. 네덜란드계인 아버지 하인리히 플로리스 쇼펜하우어는 부유한 상인이었으며, 어머니 요하나는 소설과 수필로 유명한 작가가 되었다. 자유도시였던 단치히가 프러시아에 합병되자 쇼펜하우어의 가족은 함부르크로 이주했다.

아버지 하인리히는 무역으로 큰 성공을 거두었고, 가정교사를 둘 정도로 자녀교육에 많은 관심을 기울였다. 그리고 자신의 일을 물려받기를 원해 쇼펜하우어를 랑게 사립학교에 보냈다. 이 학교는 장차 상인이 될 학생들을 교육하던 곳이었다. 하지만 쇼펜하우어는 인문학에 더 많은 관심을 가졌다. 15세에는 부모와 함께 2년 가까이 유럽 전역을 여행하면서 세계의 다양한 문화를 배우고 견문을 쌓았다.

17세가 되던 해, 우울증을 앓던 아버지의 갑작스런 죽음으로 쇼펜하우어의 삶은 큰 변화를 맞는다. 쇼펜하우어의 가정은 물질적으로는 풍족했지만, 부모의 사이가 원만하지 못해 불화가 잦았다. 어린 시절 부모의 불화를 보고 자란 쇼펜하우어는 아버지의 죽음으로 어머니와 결별을 선언하고 독립해서 살게 된다. 그리고 어머니의 사랑을 받지 못한 탓인지, 평생 동안 여성을 경멸하며 독신으로 살았다.

쇼펜하우어는 21세에 아버지의 유산을 상속받은 후 괴팅겐Göttingen 대학교 의학부에 입학하여 의학, 해부학, 광물학 등의 자연과학을 2년간 공부했다. 그러던 중에 슐체에게 심리학과 형이상학 등을 배우다가 플라톤과 칸트 철학에 빠져든다. 또 동양학자 마이어를 통해 인도사상을 접했는데, 그 후 거의 최초로 인도철학과 불교철학을 서양세계에 알리는 서양철학자가 되었다. 쇼펜하우어는 자신의 벽난로 위에 데카르트, 칸트, 괴테 등의 조각상과 함께 부처상를 두었으며, 기독교의 원류가 고대 인도의 브라만교와 불교라고 주장하기도 했다.

1811년부터는 2년간 베를린대학교에서 요한 고틀리프 피히테와 프리드리히 슐라이어마허의 강의를 들었다. 그후 베를린이 전쟁으로 봉쇄되어 예나대학에서 1813년에 철학박사 학위를 받았다. 쇼펜하우어는 드레스덴Dresden에 정착한 이후 5년 동안 그의 주저인 ≪의지와 표상으로서의 세계Die Welt als Wille und Vorstellung≫을 쓰는데 혼신의 힘을 기울였다. 원고를 마감한 기념으로 이탈리아를 여행했고, 그런 뒤에는 베를린으로 가 철학자로서 활동했다. 비록 책은 거의 판매되지 않아 폐지로 처분되었으나, 1820년에 베를린대학교에서 철학 강의를 하는 데에는 큰 도움이 되었다.

베를린대학교에서의 강의는 당시 최고의 철학자였던 헤겔과 같은 시간에 강의하여 수강생이 거의 없었다. 쇼펜하우어는 10년간 베를린대학교의 강사로 있었지만 첫 강의를 제외하고는 제대로된 강의를 하지 못했다. 1931년 함부르크에 콜레라가 크게 번져 쇼펜하우어는 일찍 프랑크푸르트로 피신하여, 그 후 28년 동안 이곳에서 살

있다. 그런데 함부르크에 남아 있던 헤겔이 죽고 1848년 시민혁명이 실패하면서 헤

겔의 정신철학이 빛을 잃자, 헤겔 이외의 다른 철학자들이 주목받으면서 쇼펜하우어

도 주목을 받게 된다. 1851년 철학적인 개념보다는 다양한 주제별로 쓴 에세이 형식

의 글을 모아 《소품과 단편집 Parerga und Paralipomena》이라는 제목으로 출간했는

데, 이 책이 베스트셀러가 되면서 쇼펜하우어는 세계적으로 인정받는 철학자의 반열

에 올라선다.

　　1860년 9월 21일, 쇼펜하우어는 묘비명에 아무것도 적지 말라는 유언을 남기고

평소와 다름없는 평안한 모습으로 세상을 떠났다.

쇼펜하우어의 사상과 《인생론》

쇼펜하우어의 철학은 그의 주저인 《의지와 표상으로서의 세계》에 모두 담겨 있다고 해도 지나치지 않다. 쇼펜하우어는 이 책의 초판본이 비록 100부도 팔리지 않았지만, 세 차례나 이 책에 대한 개정증보 작업만을 생각했지 새로운 철학책을 쓰려고 하지는 않았다. 그리고 6년에 걸친 작업 끝에 에세이와 주석들을 모아 《의지와 표상으로서의 세계》의 부록으로 만든 것이 《소품과 단편집》이었는데, 개정판을 낼 출판사를 찾지 못해 1851년에 이것만 개별적으로 출간했다.

《소품과 단편집》은 대학 강단에서의 실패에도 불구하고 쇼펜하우어에게 일반 대중의 지지를 얻게 해주었다. 이 책은 〈소품〉과 〈부록〉으로 나뉘는데, 〈소품〉은 철학에 관련한 지식과 더불어 삶의 지혜를 주는 아포리즘으로 구성되어 있고, 〈부록〉은 여러 주제에 관한 에세이로 이루어져 있다. 우리나라에서는 이 둘을 합쳐 《인생론》으로 번역하기도 하고, 둘을 나누어 〈부록〉을 《행복론》, 〈소품〉을 《인생론》이라고 번역하기도 한다. 쇼펜하우어 자신도 이 책을 지옥 같은 인생을 그나마 살 수 있게 해주는 생활지침서로 여겼다.

쇼펜하우어가 특히 존경했던 칸트는 우리에게 주어진 현상적 세계의 배후에는 '사물 자체'가 있지만 그것이 무엇인지는 알 수 없다고 주장했다. 그러나 쇼펜하우어는 현상 또는 표상으로서의 세계 배후에 있는 물物 자체는 바로 '의지'라고 말한다.

쇼펜하우어는 인생을 맹목적인 삶의 의지로 이해하고 이성은 의지의 시녀에 불과하다고 생각했다. 인생은 고苦의 세계일 뿐이며 우리가 상상할 수 있는 최악의 세계라고 주장했다. 또 현상 세계의 모든 것들은 '생生의 의지'에서 나타나는데, 이것은 사악하며 모든 고뇌의 원천이라고 생각했다. 그리고 이 고뇌로부터의 해방은 금욕적인 생활을 해야만 도달할 수 있다고 말했다.

쇼펜하우어의 철학 사상은 니체, 키에르케고르, 비트겐슈타인 등으로 이어져 생철학, 실존철학에 큰 영향을 끼쳤다. 또한 철학 분야를 넘어 문학과 예술 전반에 지대한 영향을 끼쳤는데, 특히 바그너는 악극 〈니벨룽겐의 반지〉에서 쇼펜하우어에 대한 헌사를 받쳤으며, 톨스토이는 쇼펜하우어의 사상을 높이 평가하며 자신의 주요 작품에 등장시키기도 했다. 또 정신분석학을 탄생시킨 지그문트 프로이트가 끌어낸 '무의식'의 개념은 쇼펜하우어의 '맹목적인 삶의 의지'를 인간심리로 풀어쓴 결과물이라고 할 수 있다. 아인슈타인은 청년기에 읽은 쇼펜하우어의 글이 평생 외롭고 힘들 때 삶의

위안이 되었다고 말했으며, 서재에는 쇼펜하우어의 초상화를 걸어두었다.

월든 호숫가에 작은 오두막을 짓고 2년간 생활한 소로는, 함께 살던 콩코드 주민들이

자신에 대해 궁금하게 생각하기에 자신의 생각을 알려주기 위해 이 책을 썼다고 밝혔

다. 나아가 우리가 살고 있는 세계와 우리 마을 공동체가 처해 있는 상황에 대해 알아

보고 개선하기 위해 썼다고 한다. ≪월든≫은 마을회관이나 교회 등지의 강연회를 통

해 자신의 생각을 발표하는 가운데 원고로 만들어졌다.

헨리 데이비드 소로

Henry David Thoreau, 1817~1862년

월든

Walden

일반적으로 책에서 일인칭 대명사인 '나'를 생략하지만 여기에서는 생략하지 않을 것이다. 이 책이 다른 책들과 가장 크게 차이 나는 점은 대화를 이끌어가는 사람이 '나'라는 것이다. 우리는 말하는 사람이 일인칭이라는 사실을 무심결에 잊어버리는 경향이 있다. 만약 나 자신에 대해 아는 만큼 잘 아는 다른 사람이 있었다면, 이렇게 내 이야기만을 하지는 않았을 것이다. 안타깝게도 나는 살아온 경험이 부족하여 '나'라는 사람으로 주제로 한정했다.

덧붙여, 나는 다른 모든 저자들에게도 타인의 자질구레한 생활사 이야기만 하지 말고, 자신의 삶에 대한 간결하고 진실한 이야기를 쓸 것을 권하고 싶다. 멀리 떨어진 객지에서 친척들에게 편지글로 보낼 법한 그런 이야기, 머나먼 객지에서 성실하게 생활하였다면 분명히 편지로 썼을 그런 진솔한 이야기를 말이다.

그리고 이 책은 가난한 학생들을 위해 썼다. 그 외의 독자들은 자신에게 맞는 부분만 골라 받아들이면 된다. 옷을 입을 때 맞지 않는다고 솔기를 뜯어가면서 억지로 입는 사람은 없다. 옷은 그 옷에 맞는 사람에게만 가치 있지 않겠는가!

－1장. 숲속의 경제학

헨리 데이비드 소로 《월든》

인생의 궁극적인 목적과, 삶을 살아가는 데 반드시 필요한 수단과 방법은 무엇인가? 이런 질문을 교리 문답하듯 풀어보면, 거의 모든 사람들이 자신의 편의성에 따라 현재의 평범한 생활방식을 택할 것이다. 그것을 다른 어떤 방식보다 선호했기 때문이라고 하겠지만, 이제 와서는 그 생활방식이 선택의 여지가 없는 것이라고 확신에 찬 믿음으로 바뀌었을 것이다.

그러나 탁월하고 건전한 이성을 가진 사람들은 오늘도 붉은 태양이 떠오른다는 사실을 잊지 않는다. 옳지 않은 고정관념은 하루라도 빨리 버리는 것이 낫다. 아주 오래전부터 내려온 사고방식이나 행동방식일지라도 검증되지 않은 것은 신뢰할 수 없다.

오늘 모든 사람들이 진리라고 공감하고 암묵적으로 동의하는 것이 내일에는 거짓으로 드러날지도 모른다. 들녘에 단비를 뿌려줄 것으로 믿었던 구름이 이른바 의견이라는 단순한 연기에 불과한 것일 수도 있는 듯이. 과거 노인들이 불가능한 일이라고 생각했던 일도 요즘은 시도하면 해낼 법한 일로 밝혀진다. 옛 사람들에게는 과거 방식의 행위가 있고, 새로운 시대에는 새로운 방식의 행위가 필요하다. 옛 사람들은 새로운 연료를 이용하여 불을 일으키는 방법을 몰랐지만, 새로운 시대의 사람들은 솥 밑에 마른 장작 몇 개를 조금씩 태워서 새처럼 빠른 속도로,

그야말로 노인들을 치어 죽일 만큼 **빠른** 속도로 지구를 돌아다닌다.

　나이 많은 사람이 젊은 사람보다 더 훌륭한 교사가 되는 것은 아니다. 나이가 들어가면서 잃는 것만큼 얻지 못하기 때문이다. 아무리 현명한 사람일지라도 일상생활에서 절대적 가치를 배웠으리라 생각되지 않는다. 사실 나이 많은 사람이라고 해서 젊은이들에게 해줄 수 있는 충고라는 것은 없다. 노인들의 경험은 지극히 부분적이며, 그들의 삶 자체가 참담한 실패작이기 때문이다. 노인들은 자신들의 실패가 개인적인 원인에 있다고 본다. 그리고 실패한 경험에도 불구하고 약간의 신념은 남아 있다. 하지만 그들은 전처럼 젊지 않다.

－1장. 숲속의 경제학

어느 농부가 이렇게 말했다. "채소만 먹고는 살아갈 수가 없어요. 채소에는 뼈를 만들어주는 성분이 전혀 없거든요." 그리고 그 농부는 자기 뼈를 만들어줄 원료를 생산하기 위해 하루의 대부분을 바친다. 이야기를 하는 동안에도 농부는 소 뒤를 따라다니는데, 그 소는 풀만 먹고도 만들어진 뼈를 사용하여 모든 장애물을 헤치며 농부와 묵직한 쟁기를 끌고 있다.

－1장. 숲속의 경제학

헨리 데이비드 소로 ≪월든≫

우리는 지금보다 훨씬 더 자긍심을 가지고 살아가도 좋을 듯하다. 자신에 대해 지나치게 걱정하지 말고, 다른 곳에 더 많은 정성을 기울이는 게 좋겠다. 자연은 인간의 강점과 약점 모두에 적합하도록 되어 있지만, 끊임없는 불안과 걱정에 사로잡혀 거의 치유가 불가능한 상태에 이른 사람이 적지 않다. 우리는 우리가 하는 일의 중요성을 지나치게 과장하는 습관이 있다. 하지만 시도조차 하지 못하고 지나가는 일이 얼마나 많은가! 그러다가 병에라도 걸리면 어떻게 되겠는가? 우리는 늘 긴장감을 늦추지 않는다. 우리는 가능한 한 종교적인 믿음에 기대지 않고 살아가고자 한다. 그러나 낮에는 긴장하여 경계를 늦추지 않고 지내다가, 밤이 되면 마지못해 기도문을 읽으며 불확실성에 자신을 맡겨버린다.

　　이처럼 우리는 철저하고 성실하게 현재의 삶을 소중하게 생각하며 살아갈 수밖에 없기에 변화의 가능성을 부인한다. 이렇게 살아갈 수밖에 없다고 말한다. 그러나 하나의 중심에 그릴 수 있는 원이 무수히 많듯, 삶을 살아가는 방법은 많다. 생각하기 나름이지만, 모든 변화는 기적이라 할 만하고, 그 기적은 순간순간에 일어나는 것이다. 공자는 "아는 것을 안다고 하고 모르는 것을 모른다고 하는 것이 곧 진실로 아는 것이다"라고 말했다. 나는 어떤 한 사람이 상상한 것을 오성悟性으로 사실로

헨리 데이비드 소로 《월든》

바꿔놓을 때, 우리 모두는 그것을 기초로 삼아 자신의 삶을 세울 것이라고 생각한다.

－1장. 숲속의 경제학

만약 새로운 일을 시작한다면 헌 옷을 입고 시작하라. 사람들이 일을 통해 진실로 얻고자 하는 것은, 일을 하는 데 '가지고 할' 수단에 달려 있는 것이 아니라, '해야 하는' 일 자체와 그 일을 하면서 '되어야 할' 인간에 달려 있다. 입은 옷이 아무리 낡았다 해도 새로운 일을 통해 새로운 사람이 된 듯한 느낌이 들거나, 낡은 옷이 새 포도주를 담을 낡은 부대 같은 느낌이 들지 않는 한, 새 옷을 구하면 안 된다.

우리가 옷을 바꿔 입는 것은 새들이 털갈이를 하듯이 인생에 있어 위기에 처했을 때이다. 물새는 털갈이 시기가 되면 호숫가 외진 곳으로 숨어들어간다. 뱀이 허물을 벗고 애벌레가 껍질을 벗고 나오는 것도 마찬가지다. 부단한 노력과 성장을 해야 한다. 인간의 옷은 가장 바깥쪽의 표피이며 속세의 번뇌에 불과하다. 그러므로 내적인 성장 없이 겉치레에만 마음을 둔다면, 거짓 국기를 달고 항해하는 격이어서 세상뿐만 아니라 우리 자신으로부터도 버림받을 것이다.

―1장. 숲속의 경제학

헨리 데이비드 소로 ≪월든≫

농부가 집을 구입한다면 집 때문에 더 부유해지지는 않고 더 가난해질 수 있다. 농부가 집의 주인이 되는 것이 아니라 집이 농부의 주인노릇을 하기 때문이다. 지혜의 여신인 미네르바가 만든 집에 대해 비난의 신인 모무스가 '이동식으로 짓지 않아 나쁜 이웃을 피할 수 없겠다'고 한 말은 타당하며, 오늘날에도 여전히 유효하다. 집은 관리하기 매우 어려운 재산이기에 우리가 그 안에서 살고 있다기보다는 갇혀 산다고 해야 옳을 정도다. 그리고 피해야 할 나쁜 이웃은 바로 천박한 이성을 지닌 우리 자신이다. 거의 한 세대가 지나도록 외곽에 있는 농가를 팔고 마을 안으로 이사하려 했지만 소원을 이루지 못한 한두 가정을 알고 있다. 그들은 죽어서야만 집으로부터 자유로워질 것이다.

마침내 대다수의 사람들이 모든 편의시설이 제공되는 현대식 주택을 소유하거나 임대한다고 가정해보자. 인류의 문명은 주택을 꾸준히 개량해왔지만, 그 안에 사는 인간들까지 같은 정도로 개량하지는 못했다. 그런데 문명인이 추구하는 것이 미개인이 추구하는 것보다 더 가치 있는 것이 아니라면, 또 문명인이 잡다한 생필품과 안락함에 대부분의 인생을 소비한다면, 문명인이 미개인보다 더 나은 주택에서 주거해야 할 이유가 어디에 있는가?

−1장. 숲속의 경제학

대부분의 사람들은 집이 무엇인지 진지하게 생각해본 적도 없이, 이웃이 소유한 정도의 집을 가져야 한다는 이유에서 평생을 가난하게 산다. 그것은 재단사가 직접 만들어준 옷이라면 무조건 입어야만 한다는 것이나, 종려나무 잎으로 만든 모자나 마멋 가죽으로 만든 모자를 차례로 벗어던지며 왕관을 살 형편이 안 된다고 한탄하는 것과 다를 바 없다. 지금 우리가 거주하고 있는 집보다 더 편리하고 더 호화로운 집을 만들 수는 있지만, 그것을 구입할 여력이 있는 사람은 드물다.

우리는 더 많이 얻기 위해서 노력하는 대신 더 적은 것에서 만족하는 법을 배워야 하지 않겠는가? 존경할 만한 시민이 젊은이들에게 죽기 전까지 여분의 장화와 우산들을 사들여야 한다고, 또 오지 않을 손님을 위한 손님방을 마련해야 한다고 이전의 사례를 들어 엄숙하게 가르쳐야만 하는 것일까?

－1장. 숲속의 경제학

헨리 데이비드 소로 ≪월든≫

가난한 사람을 도울 때는 그들이 따라 하기 어려울지언정 모범사례를 보여주며, 그들이 가장 필요로 하는 것을 도와주어야 한다. 만약 돈을 주려고 할 경우에는 돈을 던지듯이 건네지 말고, 당신이 직접 필요한 것을 사주도록 하라. 우리는 종종 어리석은 실수를 한다. 가난한 사람이 지저분하고 추해보이고 무지하게 보인다고 해서 늘 춥고 배고픈 상황에 처해 있는 것은 아니다. 그런 겉모습이 어느 정도는 그들의 취향일 수도 있다. 반드시 불운하기 때문만은 아니다. 따라서 만약 당신이 그들에게 돈을 주면 그는 그 돈으로 더 많은 누더기를 살 가능성이 있다.

-1장. 숲속의 경제학

내가 숲속으로 들어간 이유는 깨어 있는 삶을 살기를 원하기 때문이다. 나는 내가 삶의 본질적인 사실만 직면하면서 삶이 일깨워주는 지혜를 배울 수 있는지 알아보기를 원한다. 또 죽음의 순간에 제대로 살지 않았다고 후회하고 싶지도 않다. 나는 나의 삶이 아닌 삶은 살고 싶지 않다. 그만큼 삶은 소중하다. 어쩔 수 없는 상황이 아니면 이것을 포기하기 않을 것이다.

　　깊이 있는 삶을 살면서 삶의 정수를 빨아들이고, 스파르타 인처럼 강근함으로 삶이 아닌 것들은 없애버리고 싶었다. 숲속에 넓은 길을 닦고 풀을 짧게 베어내고 삶을 몰아세워 밑바닥까지 내려갔을 때, 그 삶이 정말 천박한 것으로 판명된다면 그 천박함을 남김없이 찾아내어 세상에 알리고 싶었다. 그렇지 않고 삶이 진정으로 숭고한 것이라면, 나 스스로 체험하고 깨달아 다음번의 여행에는 그 사실을 제대로 알리고 싶었다. 내가 보기에는 대부분의 사람들이 삶이 악마의 것인지 하느님의 것인지 전혀 확신하지 못한 채, 인간이 존재하는 주된 목적이 '하느님을 찬양하고 영원토록 기쁘게 하는 일'이라고 성급하게 결론을 짓는 것처럼 보였기 때문이다.

— 2장. 나는 어디에서 무엇을 위해 살았는가

헨리 데이비드 소로 ≪월든≫

왜 우리는 이처럼 쫓기듯 바쁘게 삶을 살며 인생을 낭비하는 것일까? 우리는 배가 고프기도 전에 굶어죽을 것을 걱정한다. 제때의 바느질 한 땀이 뒷날의 아홉 땀을 면하게 한다며, 내일 아홉 땀의 바느질 수고를 면하기 위해 오늘 천 땀이나 바느질을 한다. 이렇듯 우리는 늘 바쁘게 일하지만 정말로 중요한 일은 하나도 없다. 우리는 거저 춤추는 병에 걸린 환자처럼 좀처럼 머리를 가만히 두지 못한다.

만약 불이 난 것처럼 교회 종을 살짝 몇 번만 당겨도, 콩코드 외곽지역의 농장에서 일하던 남자든 어린아이든 여자든, 심지어 오늘 아침까지 무지 바쁘다고 투덜대던 사람들까지 죄다 종소리가 나는 곳으로 모여들 것이다. 솔직히 말하자면 그들은 불난 곳에서 재산을 구하기 위해서라기보다 재산이 불타는 것을 구경하기 위해서 모여든다. 불이 났기에 건물은 타버릴 것이고, 자신들이 불을 지른 범인이 아니라는 것도 보여주고 또 불을 끄는 것을 지켜보다가 한몫 거들기도 하기 위함이다.

— 2장. 나는 어디에서 무엇을 위해 살았는가

사람들은 고전에 대한 연구가 보다 현대적이고 실용적인 학문에 의해 밀려날 것이라고 말한다. 그러나 모험심이 있는 학생이라면 어떤 언어로 쓰였든 얼마나 오래전에 쓰였든 상관없이 고전을 연구할 것이다. 고전이란 인류가 남긴 고귀한 사상이 아니고 무엇이겠는가? 고전이야말로 결코 소멸되지 않을 유일한 신탁이어서, 가장 현대적인 물음에 대한 해결뿐만 아니라 델포이나 도도나^{제우스의 신탁이 내려지는 그리스의 옛도시}가 해결해주지 못한 것에 대한 해답도 줄 것이다. 고전 연구를 멀리한다는 것은 자연이 오래된 것이라 하여 자연을 연구하지 않는 것과 같다.

올바르게 책을 읽는다는 것은 참된 책을 참된 정신으로 읽는 숭고한 운동이며, 현대에서 강조하는 다른 어떤 운동보다도 힘들다. 고전에 관련한 독서를 제대로 하기 위해서는 운동선수가 하는 만큼의 훈련이 받아야 하고, 참된 독서를 하기 위해서는 참된 마음가짐을 평생을 통해 지속적으로 유지해야 하기 때문이다.

– 3장. 독서

헨리 데이비드 소로 《월든》

사람들은 내게 종종, "그런 외딴 곳에 살면 외로
우시겠어요. 비나 눈이 오는 날은 사람들과 더욱 더 가까운 곳에 있었으
면 하지 않나요?"라고 말한다. 이렇게 말하는 사람들에게는 다음과 같
이 이야기해주고 싶다.

"우리가 살고 있는 이 지구 전체도 우주 속에서 보면 한 점에 불과합
니다. 우리의 측량기구로는 도저히 그 크기를 잴 수 없을 만큼 멀리 떨어
진 저 별에서, 서로 가장 멀리 떨어져 사는 두 사람의 거리는 얼마나 멀
겠습니까? 내가 왜 외로움을 느껴야 합니까? 우리가 살고 있는 별인 지
구가 은하수에 속해 있는 것도 아니지 않습니까? 나는 당신의 질문이 그
다지 중요한 것이 아니라고 생각됩니다.

한 사람을 주변 사람들로부터 격리시켜 외롭게 만드는 공간이 있다
면, 그것은 도대체 어떤 공간입니까? 나는 아무리 다리를 부지런히 움직
인다 해도 두 사람의 마음을 가까워지게 하지는 못한다는 사실을 알았
습니다. 사람들은 자신을 어디에 가장 가까이 두고 살고 싶어 할까요?
많은 사람이 있는 곳은 아닐 겁니다. 철도역이나 우체국, 술집, 교회, 학
교, 식료품점, 그리고 사람들이 몰려드는 비컨 힐이나 파이브 포인츠와
같은 곳도 아닐 것입니다. 버드나무가 물가에 자리 잡으면 물 쪽으로 뿌
리를 뻗어 내리듯이, 인간들은 경험에 비추어보아 영원한 생명의 샘이

헨리 데이비드 소로 ≪월든≫

넘쳐나는 곳 가까이에 살고 싶어 할 것입니다. 물론 사람마다 품성이 원하는 곳은 다르겠지만, 현명한 사람이라면 생명의 샘 옆에 지하실을 팔 것입니다."

－5장. 고독

깊은 사색을 통해 우리는 진실된 의미에서의 자아의 굴레에서 벗어날 수 있다. 정신의 의식적인 노력에 의해 우리는 우리의 행위와 그로 비롯된 결과를 객관적으로 바라볼 수 있으며, 그렇게 할 때 좋은 것이든 나쁜 것이든 모든 것이 순식간에 급류처럼 지나가 버린다.

우리는 자연 속에 완전히 동화되어 하나가 될 수는 없다. 나는 강물 위에 떠도는 나뭇조각일 수도 있고, 하늘에서 그 나뭇조각을 내려다보는 인드라 고대 인도의 베다 신화 속 신으로 비와 우뢰를 담당했다. 일 수도 있다. 그리고 나는 어떤 연극에는 감동하지만, 그보다 훨씬 더 나와 깊은 관계가 있는 실제 사건에는 아무런 감정이 생겨나지 않을 수도 있다. 나는 나 자신이 인간이라는 실재, 즉 생각과 감정이 생멸하는 장소라는 것을 알고 있다.

또한 나는 타인에 대해서뿐만 아니라 나 자신에 대해서도 멀리 떨어져 객관적으로 바라볼 수 있는 나의 이중성을 의식한다. 나는 어떤 일에 아무리 몰입해도 그것에 빠져들지 않고, 나의 일부가 마치 관객처럼 존재함을 알고 있다. 그 관객은 경험을 함께하지 않으면서도 예리하게 바라본다. 그 존재는 더 이상 나의 일부가 아닌 타자이다. 비극일지 모르는 인생이라는 연극이 끝나면 관객들은 떠난다. 관객의 입장에서 보면

헨리 데이비드 소로 《월든》

연극은 하나의 허구이며, 상상에서 나온 작품에 지나지 않는 것이다. 이러한 이중성이 우리를 때로는 보잘것없는 이웃으로 만들고, 때로는 친구로 만든다.

－5장. 고독

내 집에는 의자가 세 개 있었다. 고독을 위해서는 의자가 하나만 필요하고, 우정을 위해서는 두 개, 친목을 위해서는 세 개가 필요하다. 뜻밖에 많은 손님들이 찾아와도 그들에게 내어줄 의자가 세 개밖에 없지만, 모두들 선 채로 좁은 공간을 잘 이용했다. 이렇게 작은 집이 그렇게 많은 사람들을 맞이할 수 있다는 것이 놀라울 정도였다. 한번은 내 작은 집에 영혼과 육체를 갖춘 스물다섯에서 서른 명의 사람들이 들어온 적이 있었는데, 헤어질 때까지 그렇게 가까이 붙어 있었다고는 생각하지 못했다.

　　우리가 사용하는 공동주택이든 개인주택이든 간에 헤아릴 수 없을 만큼 많은 방과 넓은 거실, 그리고 포도주 같은 평소 필요한 것들을 저장하기 위한 지하실 등을 갖춘 집들을 보면, 그 안에 거주하는 사람의 수에 비해 터무니없이 넓게 느껴진다. 그런 집들은 너무 넓고 웅장하여 마치 사람들이 그 집에 기생하는 해충처럼 보일 지경이다.

－6장. 손님들

헨리 데이비드 소로 ≪월든≫

때때로 혼자서 찾아오는 손님은 나와 함께 간소한 식사를 나누었는데, 타지 않게 저으며 푸딩을 만들거나 약한 숯불에서 빵이 잘 부풀어오르며 구워지는 것을 지켜보면서도 대화를 중단하지 않았다.

그러나 손님이 스무 명쯤 몰려왔을 경우에는, 두 사람은 먹을 수 있는 빵이 있을지라도 마치 먹는 습관을 잊어버린 듯이 식사에 대해서는 말하지 않았다. 그래서 우리는 당연한 듯이 금식을 실천했으며, 이것을 손님을 접대할 줄 모르는 것으로 여기지 않고 오히려 그 분위기에 가장 적절하고 진실한 접대로 여겼다. 이럴 때는 끊임없이 보충해야 하는 체력의 소모와 생명력의 쇠퇴가 기적과도 같이 늦춰지고, 활기찬 생명력은 조금도 약해지지 않았다. 이런 식이라면 스무 명이 아니라 천 명이라도 대접할 수 있을 것 같았다. 그런데 만약 내 집을 방문해서 실망하였거나 허기진 채 돌아간 사람이 있었다면, 적어도 내가 그들의 심정을 이해한다는 점은 믿어주었으면 한다.

주부들은 대부분 의심하겠지만, 낡은 관습을 버리고 더 나은 새로운 습관을 만드는 것은 이처럼 어려운 일이 아니다. 손님을 대접하는 식사에 따라 평판이 달라진다고 생각할 필요는 없다. 내가 자주 방문하는 집에 나를 못 오게 하는 방법은 케르베로스_{저승 문을 지키는 머리가 셋 달린 개를}

두는 것보다 나를 대접한다고 야단법석을 떨기만 하면 된다. 그런 대접을 받으면, 두 번 다시 자신의 집에 오지 말라는 정중하고 은근한 암시로 받아들여지기 때문이다. 그런 집은 두 번 다시 갈 생각이 없다.

－6장. 손님들

고대의 신화와 시를 보면 농사가 한때 성스러운 예술이었음을 알 수 있다. 하지만 오늘날 우리는 대단위의 농장을 소유하고 대량의 농산물을 수확하는 데 목적을 두기 때문에 불경스럽고 성의 없이 농사를 짓는다. 이제 농부들이 자기 천직의 신성함을 표현하고 그 성스러운 기원을 되새기기 위한 축제나 행렬, 의식도 없다. 단지 가축품평회나 추수감사절 정도만 남아 있다. 이런 행사가 있다 해도 농부들의 관심은 축제에 걸린 경품이나 풍성한 음식에만 있다. 이제 농부들은 케레스^{풍작의 신}나 주피터^{하늘과 대지의 신}가 아니라 지옥의 플루토스^{재물의 신}에게 공물을 바친다. 탐욕과 이기심에 빠져 땅을 재산으로 또는 부을 획득하는 수단으로만 간주하는 우리의 천박한 습성 때문에, 자연의 풍경은 훼손되고 경작의 의미는 퇴색되고 농부는 초라한 삶을 영위한다.

－7장. 콩밭

헨리 데이비드 소로 ≪월든≫

숲 속에서 길을 잃는 것은 소중하고도 놀라우며 오래도록 기억에 남는 경험이다. 눈보라 치는 날이면, 대낮이고 아는 길이라 해도 방향을 가늠하기가 쉽지 않다. 그럴 때는 수없이 다닌 길이라도 눈에 띄는 것이 없어 알아볼 수가 없고 시베리아 벌판마냥 낯설게만 보인다. 물론 밤이 되면 당혹감은 극에 달한다. 보통 우리는 주위의 자주 다니던 길을 걸을 때에도 끊임없이 그리고 무의식적으로 마치 조타수처럼 잘 알려진 표식이나 큰 바위 등을 보고 방향을 잡는다. 그리고 아는 길을 벗어나더라도 근처 돌출된 것을 머릿속으로 생각하며 길의 방향을 잃지 않게 조심한다.

그러므로 우리는 완전히 길을 잃어버리거나 몸을 한 바퀴 빙 돌리기 전에는 — 우리가 방향감각을 상실하는 데에는 눈을 감고 한 바퀴를 도는 것으로 충분하니까 — 자연의 광활한 신비로움을 인식하지 못한다. 사람은 누구나 깊은 잠에서든 망상에서든 깨어날 때면 그때마다 나침반 바늘을 읽고 방향을 확인한다. 그러나 우리는 길을 잃기 전에, 즉 세상을 잃어버리기 전에는 자기 자신을 발견하지 못하고, 또 자신이 어디에 서 있는지, 자신이 세계와 무한히 연결되어 있다는 사실도 깨닫지 못한다.

－8장. 마을

집주인이 나에게 자신의 이야기를 들려주었다.
그는 자신과 이웃한 농부를 위해 진흙 속에서 얼마나 열심히 일하고 있는지 이야기했다. 1에이커당 10달러를 받고, 쟁기와 괭이로 목초지를 만들고 거기에 퇴비를 주면서 1년 동안 경작하는 조건이라는 것이다. 그리고 얼굴이 넓적한 큰아들은 아버지가 불리한 계약을 맺어 이익이 나지 않는 일을 하고 있다는 사실도 모른 채 즐거운 마음으로 아버지 일을 돕고 있었다.

나는 그들을 도울 마음에 나의 경험을 이야기했다. 그들은 나와 가장 가까이 사는 이웃이고, 이곳에서 한가로이 낚시하는 사람으로만 보이겠지만 나 또한 그와 마찬가지로 농사를 지어 생활한다고 말해주었다. 그리고 내가 사는 집은 작지만 비가 새지 않고 깨끗하며, 이렇게 크고 낡은 집의 1년치 임대료보다 더 적은 돈으로 지었기에, 그도 마음만 먹는다면 한두 달 안에 자기 집을 가질 수 있다고 말했다.

또한 나는 차와 커피를 마시지 않고 버터와 우유, 신선한 고기도 먹지 않기에 그것을 구입하기 위해 일할 필요가 없다. 힘들게 일하지 않으니 많이 먹을 필요가 없고, 그래서 식료품값이 조금밖에 들지 않는다고 말해주었다. 처음부터 차와 커피, 버터와 우유, 고기를 먹고 시작하면 그것을 구입하기 위해 힘들게 일해야 하고, 일을 많이 하면 몸이 소모한 영양

헨리 데이비드 소로 ≪월든≫

을 보충하기 위해 많이 먹어야 한다. 그 두 가지가 서로 비슷해 보이지
만, 그는 일상생활에서 늘 불만이 가득하고 삶을 낭비하고 있기에 손해
라고 말해주었다.

−10장. 베이커 농장

만약 우리가 자연의 법칙을 모두 알고 있다면, 하나의 사실이나 실제 현상에 대한 기록을 보는 것만으로도 특정 시기에 발생하는 특정한 결과를 모두 추론해낼 수 있을 것이다. 하지만 현재 우리는 극히 일부분의 법칙만을 알고 있기에, 우리 추론의 결과는 자연의 혼란이나 불규칙성 때문이 아니라 계산에 꼭 필요한 요소들을 모르기 때문에 의미를 잃게 된다. 일반적으로 우리가 사용하는 법칙과 조화라는 단어의 개념은 우리가 밝혀낸 사례에 한정된다. 겉으로 보기에는 모순되지만 실제로는 우리가 알지 못하는 수많은 법칙들이 작용하여 조화를 이루어내는 것은 훨씬 더 경이롭다. 여행자가 걸음을 내디딜 때마다 산의 모습이 달라 보이듯이, 개별적인 법칙들도 우리가 바라보는 관점에 따라 다르게 보인다. 그것은 원래 절대적인 단 하나의 형태를 가지고 있지만, 관점에 따라 무한대의 측면을 지니기 때문이다. 그래서 산을 쪼개거나 구멍을 뚫어본다고 해서 전체가 완전하게 파악되지는 않는다.

－16장. 겨울 호수

헨리 데이비드 소로 《월든》

나는 숲속에 들어갈 때만큼이나 중요한 이유로
숲을 떠났다. 당시 내가 살아야 할 또 다른 삶들이 몇 개 더 있는 것처
럼 느껴졌기에, 숲속의 생활에 더 이상 시간을 소비해서는 안 된다고 생
각했다.

　놀랍게도 우리는 스스로 알지 못하는 사이에 우연히 어떤 길을 선택
해서 걷게 된다. 그 길은 계속되는 사람의 발자국으로 다져진다. 숲속에
서 살기 시작한 지 일주일도 지나지 않아 집 문간에서 호숫가까지 내 발
자국에 의해 오솔길이 생겼다. 그 길을 걷지 않은 지 5~6년이 지났건만,
아직도 흔적은 뚜렷하게 남아 있다. 어쩌면 다른 사람들이 그 길을 걸었
을 것이고, 그래서 아직 남아 있는지도 모를 일이다. 지구의 표면은 부드
러워 사람이 밟으면 발자국이 남기 마련이다.

　인간의 정신이 지나가는 길도 마찬가지다. 만약 그렇다면 세상의 큰
길들은 얼마나 닳고 훼손되었겠는가! 전통과 순응의 수레바퀴는 얼마나
깊이 흔적을 남겼겠는가! 나는 답답한 선실의 통로를 걸어 다니는 여행
보다는, 세상의 돛대 앞에, 갑판 위에 서기를 원한다. 그곳에서는 산속에
숨은 달빛도 잘 보이기 때문이다. 나는 이제 선실이 있는 배 밑으로 내려
가고 싶지 않다.

－18장. 맺는말

나는 숲속 생활에서의 경험을 통해 적어도 다음
과 같은 사실은 배웠다. 자신의 꿈을 향해 자신 있게 나아가고 이상으로
하는 삶을 살기 위해 노력한다면, 평소 예상하지 못한 큰 성공을 거두게
된다는 것이다. 그러면 어떤 것들은 수용하고 어떤 것들은 던져버리면
서 눈에 보이지 않는 경계를 훌쩍 넘게 된다. 새롭고 보편적이며 보다 자
유로운 법칙들이 그의 주변과 내면에 굳건하게 자리 잡는 것이다. 그게
아니면 과거의 낡은 법칙이 훨씬 확대되고 자신에게 좀 더 유익하도록
자유롭게 해석되어, 그는 한층 높은 존재의 질서를 따르게 될 것이다.

　　그러한 법칙에 맞춰 삶을 단순화하면 그에 비례해서 우주의 법칙도
복잡하게 느껴지지 않고, 고독을 고독으로 여기지 않고 가난을 가난이
라고 여기지 않으며 유약함을 유약함으로 여기지 않게 된다. 비록 공중
누각을 만들었다고 해도 그의 노력은 헛된 수고가 아니다. 누각은 원래
공중에 있어야 하는 것이다. 이제는 그 아래 성을 떠받칠 기초만 만들면
된다.

- 18장. 맺는말

헨리 데이비드 소로 ≪월든≫

우리가 아무리 사물의 외양을 치장한다고 해도 그것이 진실만큼 우리에게 도움을 주지는 못한다. 오직 진실만이 오래 지속된다. 우리 대부분은 자신이 있어야 할 곳이 아닌 엉뚱한 곳에 위치해 있다. 나약한 천성으로 인해 어떤 상황을 제멋대로 가정하고 그 속에 자신을 집어넣기 때문이다. 따라서 우리는 두 가지 상황에 동시에 처한 꼴이 되어 그 상황을 헤쳐 나오기가 두 배로 힘들어진다. 올바른 정신이 있을 때 우리는 사실, 즉 있는 그대로의 상황만을 본다.

의무감에 따라 남들을 위하는 말이 아니라, 꼭 해야만 하는 말을 하라. 어떠한 진실도 허위보다는 낫다. 땜장이 톰 하이드는 교수대에 올라 마지막 할 말이 없느냐는 질문을 받았을 때, "재봉사들에게 첫 땀을 뜨기 전에 실 끝을 매듭짓는 걸 잊지 말라고 전해주시오"라고 말했다. 이 말은 전해지지만, 그가 기도한 내용은 전해지지 않는다.

－18장. 맺는말

우리의 삶이 아무리 보잘것없어도 있는 그대로
받아들여야 한다. 삶을 회피하거나 욕하지 마라. 그 삶이 당신만큼 나쁘
지는 않다. 당신이 가장 부자일 때 오히려 당신의 삶은 가장 보잘것없어
보인다. 흠잡기를 좋아하는 사람은 천국에 가서도 흠잡기를 한다. 비록
당신의 삶이 보잘것없더라도 삶을 사랑하라. 비록 당신이 빈민구제소에
서 생활한다 할지라도 즐겁고 신나고 숭고한 시간은 있을 것이다. 석양
의 햇빛은 부자의 대저택에나 빈민구제소의 창문에나 똑같이 눈부시게
비춘다. 빈민구제소 앞의 눈도 봄이 오면 어김없이 녹는다. 삶을 고요한
마음으로 바라보는 사람이라면 빈민구제소일지라도 마치 궁전에 사는
것처럼 만족스럽고 유쾌한 생활을 한다.

때때로 마을의 가난한 사람들이 누구보다도 자유로운 삶을 사는 것
처럼 보인다. 아마도 그들은 아무 거리낌 없이 남의 도움을 받을 정도로
마음이 넉넉해서일 것이다. 마을사람들 대부분은 마을로부터 도움을 받
는 것을 수치스러운 것으로 생각하지만, 그들 가운데 일부는 부정한 방
법으로 생활을 유지해 나가는 것을 수치스럽게 생각하지 않는다. 그런
데 그 부정직함이야말로 남의 도움을 받는 것보다 훨씬 더 불명예스러
운 일이다.

－18장. 맺는말

헨리 데이비드 소로 ≪월든≫

이 글을 읽는 독자들 중에 일생을 다 살아본 사람은 없다. 우리 시대는 인류 전체로 볼 때 봄에 불과할지도 모른다. 우리 가운데 7년 동안이나 옴에 걸려 가려움으로 고생한 사람은 있을지라도, 콩코드에 17년 묵은 매미를 본 사람은 없다. 우리는 지구에 살고 있지만, 지구의 극히 일부분만 알고 있을 뿐이다. 대부분의 사람들은 땅 밑으로 6피트 아래까지 파본 적도 없고 땅 위로 6피트 위로 높이 뛰어본 사람도 없다. 우리는 우리가 존재하고 있는 곳을 알지 못한다. 게다가 우리에게 주어진 시간의 절반 가까이를 잠에 빠져 보낸다. 그런데도 스스로 현명하다고 생각하고, 지구의 표면에 어떤 질서를 세웠다고 믿는다. 인간이야말로 대단한 사상가이자 야심만만한 존재들이지 않은가!

숲의 땅바닥에 흩어져 있는 솔잎 사이를 기어가며 내게서 몸을 숨기려고 애쓰는 벌레의 모습을 보면서, 왜 이 벌레는 내가 해를 끼칠지 모른다는 의심을 품는지, 은인이 될지도 자기 종족에게 반가운 소식을 전해 줄지도 모를 나에게 벗어나려는 것인지 의문이 생긴다. 그리고 그럴 때면 인간이라는 벌레를 저 위에서 굽어보는 훨씬 더 은혜롭고 지적 존재를 생각하지 않을 수 없다.

－18장. 맺는말

헨리 데이비드 소로와 ≪월든≫

✍ 소로의 생애

소로<u>Henry David Thoreau, 1817~1862년</u>는 1817년 미국 매사추세츠 주 콩코드 시 변두리의 농장에서, 프랑스 출신의 아버지 존 소로와 스코틀랜드 출신으로 사회개혁운동에 관심이 많았던 엄마 신시아 던바 사이에서 2남 2녀 중 셋째로 태어났다. 소로의 아버지는 그 지역에서 흑연 탄광을 발견하여 연필 공장을 하였는데, 소로도 종종 이곳에서 일을 했다. 소로의 어머니는 자녀교육에 무척 열성적이었기에, 당시로서는 드물게 소로의 형 존과 소로를 콩코드 아카데미라는 사립학교에 보냈다. 그리고 소로는 16세가 되었을 때 하버드에 입학했다.

당시 하버드에서의 수업은 목사가 되는 준비과정이 대부분이었으나, 학생들은 졸업 후에 목사 외에도 교사나 변호사 등으로 취업했다. 소로는 하버드에서 수학하는 동안 집안 내력인 폐결핵으로 힘든 학교생활을 하였지만, 라틴어 등의 어학과 그리스 로마 고대문학에 뛰어난 학생이었다. 1937년 20세가 된 소로는 하버드를 졸업하고 고향인 콩코드로 돌아가 다른 형제들과 마찬가지로 교사의 길을 택했다. 모교인 콩코드 아카데미에 교사로 취업했지만, 2주 만에 교사직을 버리고 떠났다. 장학사가 지시한 학생에 대한 체벌을 거부했기 때문이다.

그 해 소로는 그의 생애 가장 큰 영향을 끼친 초절주의의 대표자격인 랠프 월도 에머슨Ralph Waldo Emerson을 만난다. 소로보다 13세 연상인 에머슨은 독서 토론과 대화를 통해 소로의 정신적 스승이 되었다. 소로는 에머슨의 충고에 따라 1837년 10월 22일부터 죽을 때까지 25년간 거의 매일 일기를 썼는데, 사후에 일기를 정리하여 출판된 내용이 7,000페이지, 14권에 달했다.

1839년에 형 존과 함께 체벌을 금지하고 진보적인 학습법을 받아들인 사설학교를 설립하였다. 그 학교는 입학하기 위해 대기를 해야 할 정도로 인기가 있었지만, 형의 건강이 급격하게 나빠져 2년 만에 그만두었다. 이때 학교 학생의 누나인 16세의 앨런을 소로 형제가 둘 다 사랑하게 되었는데, 형 존 때문에 소로는 앨런을 마음에서 내려놓았다. 그러나 형은 오래지 않아 파상풍으로 사망하고, 그 후 소로는 앨런에게 청혼을 하였지만 집안의 반대로 결혼하지 못했다. 이 후 소로는 평생을 독신으로 살았다.

소로는 실연의 아픔을 치유할 목적으로 에머슨 집에서 가정교사로 한동안 머물다

가, 28세가 되던 1845년 7월 4일 미국독립기념일에 오래 전부터 꿈꾸던 대로 월든의 호숫가 오두막으로 이주했다. 소로는 그곳에서 2년 동안 지냈다. 그러던 중에 1846년 7월에 4년 동안 인두세를 납부하지 않았다는 이유로 하루 동안 감옥에 수감되었는데, 이것을 계기로 유명한 〈시민불복종〉이라는 짧은 글을 쓴다. 1847년 여름에 소로는 에머슨에게 함께 유럽에 가자는 제안을 받고 월든의 오두막을 떠난다.

유럽을 다녀온 이후에는 측량 일과 강연을 주로 하였으며, 그동안 써온 글을 출판을 하기 위해 원고를 다듬고 출판업자를 찾는 데 많은 시간을 보냈다.

1850년대로 접어들면서 노예해방 문제로 전국이 들끓을 때, 소로는 노예해방을 위한 강연을 하면서 노예들의 탈출을 도왔다. 그리고 1854년에 에머슨의 도움으로 조그만 출판사에서 ≪월든≫을 출간했다. 그러는 동안에도 노예해방에 관련된 활동을 계속했는데, 아버지가 폐렴으로 허약해지자 집안의 가업인 흑연 사업을 책임지게 되었다. 하지만 노예해방 운동은 그가 죽음에 이르기 전까지 계속했다. 1862년 봄에 소로는 '참으로 멋있는 항해였다'는 말을 남기고 44년의 생을 마감했다.

≪월든≫과 소로의 사상

소로는 ≪월든^Walden≫의 서문에서, 책을 쓴 이유가 함께 살던 콩코드 주민들이 월든의 호숫가에 사는 자신에 대해 궁금하게 생각하기에 자신의 생각을 알려주기 위함이라고 밝힌다. 더 나아가 우리가 살고 있는 세계와 우리의 마을 공동체가 처해 있는 상황에 대해 알아보고 개선하기 위해 글을 썼다고 한다. ≪월든≫은 마을회관이나 교회 등지의 강연회를 통하여 소로의 생각을 발표하는 가운데 원고로 만들어졌다. 소로는 월든의 호숫가로 이주한 것은 자기 자신이 진정으로 원하는 것을 하기 위한 것이라고 말한다. 그런데 월든에서 소로는 자신이 원하는 것을 하는 것이 아닌, 자신이 진정으로 원하는 것이 무엇인가라는 물음을 던지며 자기를 탐구하는 사색의 시간을 보냈다.

≪월든≫의 앞부분에서 소로는 산업혁명에 따른 물질문명의 발달로 온갖 사치와 허영으로 가득한 세상을 비판한다. 인간들은 물질적 풍요를 위해 제조업이나 상업은 말할 것도 없고 농업마저도 지켜야 할 기초적인 정도正道를 잃어버리고 모든 것을 파괴하고 있다고 주장한다. 그리고 결국 사치와 허영에 의해 인간의 존엄과 자유가 오히려 물질에 의해 속박당하고 있다고 생각했다. 소로는 물질적 풍요에 저항하고 최소한의 소박하고 간소한 삶과 자연 속에 어우러지는 자유로운 삶을 강조했다. 그리고 진정한 행복은 물질적인 풍요를 배척하고 정신적인 원칙에 따르는 자유로운 삶에 있다고 보았다.

소로는 꼭 필요한 것만을 추구한다면 인간은 일주일에 단 하루만 일해도 어렵지 않게 살아갈 수 있다고 주장한다. 이것이 소박하고 단순하며 자연적인 삶에 가장 근접한 '자발적인 가난'이다. 청년시절 소로는 에머슨과의 친교로 상당히 깊이 초절주의에 관여하였으나, 초절주의를 신봉하거나 맹신한 것은 아니었다. 특히 생의 후반기에는 에머슨과 멀어지고 노예해방에 노력을 기울였다. 소로의 사상은 마하트마 간디, 마틴 루터 킹 목사, 우리나라의 법정 스님 등으로부터 많은 지지를 받았다.

마르쿠스 아우렐리우스, 미셸 드 몽테뉴, 블레즈 파스칼, 아르투르 쇼펜하우어, 헨리 데이비드 소로의 대표적인 저작인 ≪명상록≫, ≪수상록≫, ≪팡세≫, ≪인생론≫, ≪월든≫은 워낙 유명한 고전이기에 수세기에 걸쳐 다양한 편집판으로 출간되었다. 그리고 원전에 대한 다양한 주석과 해설서들이 나와 있다.

이 고전들의 원어는 그리스어, 프랑스어, 독일어, 영어이다. 이 모든 언어를 능통하게 하는 것은 쉬운 일이 아니다. 더욱이 이 고전들이 쓰인 시기가 약 2,000년 전부터 150년 전까지 거슬러 올라가기에 원전을 직접 읽는 것은 매우 어려운 일이다. 다행히 이 모든 고전이 영어로 잘 번역되어 있고, 다양한 한글 번역서가 있어 전체적인 흐름을 가늠하는 데 많은 도움이 되었다. 특히 ≪명상록≫은 천병희 님, ≪팡세≫는 이환 님과 방곤 님, ≪인생론≫은 홍성광 님, ≪월든≫은 강승영 님과 한기찬 님의 번역본이 훌륭한 참고자료가 되었다. 그러나 몽테뉴의 ≪수상록≫은 일

본어를 통한 중역본이 있을 뿐 아직 완역본이 출간되지 않은 상태이다.

이 책, 《청춘의 인생철학》은 이 다섯 권의 고전에서 명문 중에 명문인 것들만 골라 편집한 책이다. 여기에서 우리가 만난 다섯 명 철학자들에게는, 인생철학을 담은 책을 집필했다는 것과 그 책이 오늘날까지도 주목받고 있다는 것 외에도 몇 가지 공통점이 있다.

첫째, 남에게 보이기 위해서가 아니라 자기 자신을 위해 책을 썼다는 것이다. 마르쿠스의 《명상록》은 원서에 '나 자신에게'라는 제목이 붙어 있었고, 몽테뉴도 《수상록》의 서문에서 '이 책에서 내가 묘사하는 것은 바로 나 자신'임을 밝히고 있다. 또 《팡세》나 《인생론》은 파스칼과 쇼펜하우어가 자신의 삶 속에 떠오른 단상은 모은 것이며, 소로는 《월든》을 다른 사람의 생각을 조금도 담지 않고 온전한 자신의 생각을 담기 위해 1인칭으로 쓴다고 밝히고 있다.

둘째, 이들은 모두 초조해 하거나 슬퍼하지 않고 담담하게 죽음을 받아들였다. 마르쿠스는 전염병에 걸려 죽을 것을 예감하고 고통을 줄이기 위해 스스로 7일 동안 먹지 않으며 생을 마감했고, 몽테뉴는 "죽음은 단 한번밖에 겪지 못하기에 괴로울 것이 없다. 한순간 일어날 일을 그토록 오랫동안 두려워할 이유가 있는가?"라는 자신의 말 그대로 초연하게 죽음 맞았다. 쇼펜하우어는 묘비명을 남기지 않고 조용히 세상을 떠났고, 소로는 '참으로 멋진 항해였다'라는 말과 함께 눈을 감았다.

덧붙여, 이 책에서 청춘은 물리적인 나이보다는 인생에 대한 열정을 의미한다. 비록 10대나 20대에 그려보는 인생과 30대나 40대에 몸으로 느끼는 인생, 그리고 50대와 60대의 완숙기에 바라보는 인생이 다르지만, 이 책의 내용은 인생에 대해 진지하고 깊이 있게 사색하는 이들에게 그 각각 색깔로 다가올 것이다.